中学德育案例
多维解析

陈 健 潘正茂 / 编著

吉林文史出版社

图书在版编目(CIP)数据

中学德育案例多维解析/陈健，潘正茂编著. — 长春：吉林文史出版社，2020.12

ISBN 978-7-5472-7565-8

Ⅰ.①中… Ⅱ.①陈… ②潘… Ⅲ.①德育—教案（教育）—中学 Ⅳ.①G631

中国版本图书馆CIP数据核字（2020）第239404号

中学德育案例多维解析
ZHONGXUE DEYU ANLI DUOWEI JIEXI

编　　著：陈　健　潘正茂
责任编辑：程　明
封面设计：言之凿
出版发行：吉林文史出版社有限责任公司
电　　话：0431-81629369
地　　址：长春市福祉大路5788号
邮　　编：130117
网　　址：www.jlws.com.cn
印　　刷：北京政采印刷服务有限公司
开　　本：170mm×240mm　1/16
印　　张：13.75　　　　字　　数：248千字
印　　次：2022年6月第1版　2022年6月第1次印刷
书　　号：ISBN 978-7-5472-7565-8
定　　价：45.00元

编 委 会

从"知其然"到"知其所以然"，是思维的嬗变。

中国智慧强调"圣人不治已病治未病，不治已乱治未乱。"但在教育实践中，不少班主任在开展德育工作时，习惯于以"治"为主，当学生犯了错误，才开始着手管教；当班里暴露出问题，才引起重视，开始治理。导致工作中处处被动，疲于应付，捉襟见肘。

"问渠那得清如许？为有源头活水来。"如何突破德育管理中的瓶颈，我们尝试将研究思维运用到学校德育工作中，主张通过系统研究德育现象的内在规律，以德育案例为载体，用发展的目光去探寻德育现象背后的深层原因，通过梳理分析、纵横对比、澄明本质等方式，建构德育内部逻辑关联，以长远创新的眼光进行发展规划，提供较为科学的解决方案。

人的成长是一个复杂的过程，这决定了教育施策的复杂性与艺术性。"经验思维"对于解决眼前的问题非常有用，但也正因如此，容易陷入在时效性和情景的局限下带来表层片面的思维和短暂的和平中去。学生成长问题常具有隐蔽性，当我们用惯性思维把"表现"等同"病因"时，学生成长问题的复杂性便演化为一个难以逾越的认知鸿沟。因为成长问题的背后往往是由一个复杂的、涉及多层面的"病理系统"在支持。

而研究思维则是深入的、全面的、持续的，不仅关注"知其然"，更关注"知其所以然"。强调的是对德育现象系统深入的理论分析，思考学生的成长规律，研究学生的心理特性等，然后针对不同年龄段的学生科学定位，充分利用课程中的德育内涵，创新教育方式方法，注重理论与实践相结合、育德与育心相结合、课内与课外相结合、线上与线下相结合、解决思想问题与解决实际问题相结合，使德育层层深入、有机衔接。

例如：学生为什么会迷恋手机？手机管理能够一禁了之？手机管理的长效机

制是什么？……如果仅仅关注"手机"本身，采取武断的、简单的、粗暴的方式去应对，极容易引发师生间的对抗与冲突，而如果研究"迷恋手机"的全貌与本质，"辩病因、辩病性、辩病位、定病机"，后"立法、处方、用药、施治"，就有可能系统地根治痼疾。

德育工作千头万绪，牵一发而动全身，如果不进行系统思考，教师的成就感也会渐渐消退，这样的工作状态会慢慢吞噬工作的激情，让工作变得枯燥乏味，在一定程度上制约学校德育人工作水平的提升和发展。如果能对相关问题进行通盘梳理，进行综合分析研究，以"一盘棋"的思维方式布局，而非"救火式"仓促应对，情况就会大有改观。例如，在学业指导的问题上，我们可以思考：如何培养学生良好学习习惯？学困生转化不佳怎么办？出现考试焦虑怎么办？……不是孤立地看待一个问题，而是研究以点及面的共性问题，探索共性问题的显性表征与隐性本质，你会发现德育现象，它就不再是眼前单个的、孤立的，而是一个组织系统中的某个节点，有着千丝万缕的联系。当我们以系统研究与本质探究的方式去思考，并进行"文献综述"系统思考，分析问题产生的原因与过程，弄清问题的本质；通过查找经典著作，理论梳理，寻找前人的实践案例进行纵横对比，最后再提出对策措施。这样处理问题就会比较理性、科学、全面、可持续，而且适合于解决同一类型的相关问题。

本书在德育案例的遴选上，坚持真实性、普遍性统一。研究这些典型案例，不仅能够提供一种新的思路，更能清晰地呈现一线班主任从混沌到反思、从感悟到澄明的螺旋式上升的思维历程。这一过程是极其珍贵的，是一线班主任走向"德育专业化"的必经之路。不仅如此，当一线班主任不是被动地"灭火"，而是以系统研究、多维视角去解读德育现象，主动去营造学生成长环境，不断优化解决策略，更能激发出饱满的工作热情。

囿于水平，书中定有不足，望您雅正！

陈 健

目录

下 篇
人际交往案例的多维解析

上篇

学业指导案例的
多维解析

疫情下居家学习学生不自律

广东实验中学南海学校　张婉莹

【现象扫描】

2020年春节，突如其来的疫情打乱了所有人的阵脚，也让中小学生暂时难以归校复课。对于中学生尤其是初三和高三毕业班的学生来说，这无疑是一个巨大的挑战。为了帮助孩子们持续学习，防止假期滑坡，并减轻因这次疫情延期开学对他们所造成的影响，各个学校纷纷开始了网络教学。然而有很大一部分孩子却不想上网课，他们想趁着假期延长好好睡懒觉、刷手机、玩游戏，导致上直播课出勤率低、作业上交严重不齐等现象，甚至有些原本在校表现不错、成绩不差的孩子也因不能自律导致成绩下滑严重，让家长和老师焦虑不已。

【案例情景】

上午8：00，我在家开始投入工作，查看微信群早读、第一节课的签到情况，查看前一天各科上课老师发的出勤名单，并登记科任老师发的前一天完成作业情况的名单。我发现小浩早读没有签到，上课出勤只有两节课，各科作业都没有交，而且各科作业不交的情况持续了三天之久。我不禁纳闷，这个孩子个性乖巧，谦卑有礼，在上学期期末学习劲头充足，上课认真，作业也会按时上交，而且英语是他感兴趣且擅长的科目，无论如何英语作业也该交了啊，为什么会出现如此反常的现象？我非常疑惑也有点生气。于是我发信息给马浩，问他为什么没有按时上全部的课也没有交作业，他说自己认真上课了，其他避而不谈。我告诉他要按时上课、按时交作业，并告诉他明天我会再查他的上课出勤和上交作业情况，他回复说"好的"。但是第二天我去查看他的情况，发现并没有任何好转，我十分生气和失望，迅速思考：这个孩子究竟发生了什么事？是什么让他变化如此之大？我接下来该怎么做？

方法1：联系家长

我马上联系马浩的妈妈，把这些情况一五一十地告诉了她，她很诧异。

家长："老师，马浩每天都在上课，每天早上我也是6：30叫醒他，一开始他总是关着房门在里面上网课，我担心他干别的事，特意让他坐到餐厅听课，让他在我们的视线范围内。他看起来在认真学习啊？怎么会没上课？作业问他也说交了，怎么会这样？真是气死我了！"

教师："马浩妈妈，您先别生气，要不您今天抽空好好跟孩子聊聊？问问他情况，看看他是否有什么心事导致无心学习。"

第二天、第三天，情况依然没有什么好转。我收到马浩妈妈的回信："老师，对马浩我真的不知道该怎么办了。每天想尽办法还是这样，一科作业都不写！"看到这样的回复，我既替这位母亲着急，又对小浩的表现感到愤怒，于是决定亲自打电话给小浩，和他好好谈谈。

方法2：情感触动

下午网课结束后，我拨通了马浩的电话。

教师："马浩，上完课了，累吗？"

学生："有点儿。"

教师："现在上网课不得不长时间对着电脑，你要注意眼睛的休息，课间做做眼保健操，看看远处，缓解一下眼疲劳。"

学生："好的，谢谢老师。"

教师："老师能问你一个问题吗？"

学生："嗯，老师您问吧。"

教师："从开学已经上了几天的直播课了，你为什么几乎都没有交过作业？在学校时你从来不这样啊？"

学生："……"

教师："你一直对英语很感兴趣，学得也很好，怎么英语作业都没交呢？上个学期后半段时间，老师和你聊过之后，你调整了学习状态，全身心地投入学习。通过你自己的努力，期末考试你取得了很大的进步，都冲进年级前一百名了，说明你还是很有实力的，对吗？"

学生："嗯。"

教师："你之前的努力已经取得了很大的成效，现在的疫情使得我们不得不居家学习，而居家学习需要极大的自律，6月份就要中考了，如果在这个节骨眼儿上你放松自己，可能会让你之前的努力白白浪费，老师很不希望这样的情况发生，否则真的会影响你的将来。相反，如果你坚持努力，在最后的几个月拼搏一把，老师相信你一定能取得好成绩，好吗？"

学生："老师，我知道我这段时间太放纵，您放心，我会好好调整的，一定不辜负您的希望，谢谢老师。"

教师对学生的好，学生是能够感受到的。从主观上讲，如果情感触动效果好，加上学生自控力较强的话，之后居家学习的状态应该会得到较大改善。

方法3：原因分析和方法指导

我在电话中询问了小浩学习效果不佳的原因。

教师："小浩，你能告诉老师你没能按时上交作业的原因是什么吗？在家里你不用排队打饭、排队洗澡，不用往返宿舍和教室，按理说应该有很多空余时间去写作业，为什么没写呢？"

学生："老师，我控制不住自己，老是会忍不住去玩手机，而且在家没有学习的氛围，身边没有同学，在学校看到同学在努力写作业和赶着交作业，我自己也会有压力，也不好意思不交作业。"

教师："上网课也是这种心态吗？"

学生："是的。没有老师看管，没有同学的提醒，就很放松，就会不自觉地走神。"

教师："那这样吧，我倡导班级组建网课学习小组，以宿舍为单位，两两搭档，相互监督和提醒，选一个负责人来负责组群，拉我和一名家长入群，每天对组员表现好的地方和不好的地方进行总结，并且每周评选表现最积极的一组，加以奖励……"

学生："老师，我觉得这个方法特别好，这样有人监督我，大家共同进步，我就不敢落后了，谢谢您，老师。"

【问题分析】

根据以上情景，我们可以看到，同样是针对学生居家学习不自律这一现象，教师的视角不同，采取的措施存在较大的差异，也势必会产生不同的教育效果。

（一）教师面对疫情下学生居家学习不自律的表现

相信大部分老师和所有的学生都是第一次碰上疫情，在学生不自律的情况下，教师们容易出现以下的问题（在上述案例方法1和方法2中有所体现）：

1. 束手无策，依赖家长

很多老师觉得，学生在家里学习，只能靠自己自觉，老师鞭长莫及；如果不够自觉，那么家长就要严加看管，于是把希望全寄托在家长身上。

这种方式通常是比较宽容或相对比较弱势的班主任采取的。如果家长强势，这种方法只能让学生屈于家长的威严、在行为上有一定程度的收敛，然而这种收敛和改善往往不是源于其自身正向价值的推动。所以，一旦家长无法监管时，学生将再次回到之前懒散的状态，甚至更加放纵。而对于亲子关系不够好的家庭，只能激化其关系的恶化，学生将更加叛逆，更加不服从管教，还会怪老师向家长告状从而激发师生之间的矛盾，不利于学生的成长。

2. 过于自信，迷信师爱

部分性格比较温和或相对比较柔和的教师往往一开始不会采取惩罚的措施，而是想通过情感的触动以打感情牌的方式来说服学生。这部分教师相信，自己的宽容、真情会让学生迷途知返，殊不知无原则的宽容很容易变成对学生的放纵和溺爱，让学生更加有恃无恐，更加不利于学生的成长。

（二）家长面对疫情下学生居家学习不自律的表现

学生居家学习，无疑家长的监督和管理责任更大。面对孩子的不自律行为，如沉迷于电子产品、懒惰任性等，不同家长类型也会有不同的表现。

1. 溺爱型家长

溺爱孩子的父母对待孩子的态度是"捧在手里怕摔了，含在嘴里怕化了"，对孩子的干涉过多，也对孩子百依百顺，怕孩子吃苦，对孩子的要求过低，觉得只要孩子开心就好，对孩子居家学习不自律表现的管教也是浅尝辄

止，怕管严了影响亲子关系，从而导致孩子任性、自我控制能力差。

2. 专制型家长

专制型父母要求孩子绝对服从自己，限制孩子的自由，希望孩子的发展按照自己设计的蓝图走。成长在这种环境的孩子容易形成自卑、依赖、服从、懦弱，做事缺乏主动性的人格特征。由于缺乏关爱甚至未从父母那里得到温情，孩子与家长关系疏远，产生叛逆心理。这种家长遇到孩子在家不自律，通常表现为批评、责备甚至会打骂孩子，当孩子不听管教时则无计可施、气急败坏。

3. 放任型家长

放任型家长表现于对孩子既不关心也不提出要求，对孩子没有情感上的支持，很少和孩子交流沟通，对孩子缺乏管教。当老师向家长反馈孩子不自律表现时，此类家长往往会说"老师，我也管不了他，还望老师多多费心"，把教育孩子的任务甩手给老师和学校。

4. 民主型家长

民主型父母不任意打骂孩子，对孩子的行为更多的是加以分析与引导，对于孩子在成长或学习过程中发生的问题采取帮助与鼓励的方法，并合理地应用奖励与惩罚的手段，使孩子从父母的行为与教育中获得知识、明白事理，容易改善在家不自律的表现。

【对策措施】

针对孩子在家学习不自律的表现，班主任与家长要一起携手，加强家校合作，共同对孩子进行教育。

（一）班主任层面

1. 召开主题班会，促进学生意识的转变

以直播课的形式召开以"逆风飞翔，自律才能自强"的主题班会，通过"当中考遇上疫情""疫情遇上责任""当网络平台遇上自律""逆风飞翔，我们是追梦人"这四个环节，告诉学生开学延期，考试不延期。分享各行各业在此次疫情中的担当和责任，唤醒作为毕业班学生的担当和责任，那就是努力学习，用知识为社会做贡献；然后分析导致学生不自律的根本因素，那就是电子产品，进而引导学生如何合理使用电子产品；通过《奇葩说》中詹青云的个人经历告诉学生唯有日复一日的努力、自律和坚持才能取得成功，并给学生提出如何自律的方法。借助主题班会改变学生的认知，从而实现认知引领、以面带点，推进学生问题行为的改善。

2. 深度剖析原因，制订具体措施加以改进

方法3中学生提到，居家学习没有学习的氛围，没有老师的监督，没有同学之间你追我赶的氛围，所以上课容易走神，作业没有动力去写。教师和学生一起，深度剖析导致他在家中学习不自律的原因，并对症下药提出改进方法，制订出详细的计划，并推广到班级的学生微信群和家长微信群，让学生马上落实，让家长支持和配合，以此来借助同学之间的相互提醒和督促来形成群体互动，并以每日总结的形式给予他适当的心理压力，让他转压力为动力从而改进自己在家学习不自律的行为。

3. 后续跟踪，强化正确行为

在学生意识转变了，有具体的行动措施后，还需要加强学生行为的后续跟踪，不可认为到此就万事大吉了，部分自制力不强的学生在开始能坚持但后面会有所松懈，所以教师在后期还需要通过与学生或家长的沟通、落实学生上课的考勤和作业完成情况的检查等方式，进行后续的跟踪，促进学生正确的行为变成习惯。

（二）家长层面

1. 动之以情，晓之以理

家长应倾听孩子心声，给孩子更多的理解，在孩子学习艰苦之时给予帮助和鼓励，缓解孩子学习压力，鼓励孩子克服困难，克服惰性，战胜自己。

2. 言传身教，树立榜样

父母是孩子的第一任老师，父母所营造的家庭环境对孩子学习习惯的养成也产生重要的影响。疫情下的中考冲刺期间，父母也要以身作则，放下手机，抽空多陪伴孩子，监管和督促孩子学习任务的完成情况。

3. 赏识得当，奖罚分明

家长要学会欣赏和鼓励，善于发现孩子的闪光点，在孩子学习过程中对其取得的进步给予肯定和称赞。但是一味地正面赞赏是极不可取的，当孩子犯错误不自律时，必须及时进行正确的、客观的批评指正，耐心、细致地做好疏导工作，让他们知错就改，在体验中成长。

附1：

网课学习小组

一、学习小组成立宗旨

相互督促学习，克服在家学习不自律的弊端，团结一致，共同进步，为中考全力以赴。

二、形式

以宿舍为单位，建立本小组微信群，每组推选一位最自律的同学当负责人，小组每个成员自行选可以相互监督的搭档，两两组队，相互提醒和监督。每组选一位家长代表入群，班主任也拉入群内。

三、小组活动内容

组长负责建本宿舍成员微信群，管理本群，并每天对本组成员表现写个总结发给班主任，总结包括：上课出勤情况（组长上每节课时需考查本组成员出勤）、每天上交作业情况、组员表现好的或有待改进的地方等。（组长需具备责任心、细心及组织能力）

两两结对的队员需每天相互检查彼此是否有按时上课、早读、按时交作业，或相约一起上课、早读、按时交作业等，可互相抽背单词、抽背各科需要背的内容，包括古诗词、英语单词、政史、理科公式，也可以相互问问题答疑等等。相互督促学习，一起为考上理想高中而努力。

四、总结时间和形式

每天18：40在本小组微信群组长发布对当天上课组员出勤情况、组员前一天完成作业情况和组员表现好的或有待改进的地方的总结，形式是视频会议，时间5分钟左右，组员也可以发表当天学习心得或困惑，让其他组员提供解决办法或想法，会后组长发文字总结材料。

五、奖励机制

每周评选出各方面表现最好的一组，包括出勤、作业完成、相互监督力度、组长的总结或组织能力等。该组将在开学后获得如麦当劳、肯德基等的奖励，或者小组也可以提出自己想要获得的奖励。

六、组建小组时间

两日内组建完毕,周六正式运行。

七、坚强后盾

每个组有一位家长代表,家长可踊跃报名,也可以是家委会成员。

班主任殷切寄语:可能对于自律的同学,这些好像有点多余,但对于那些想学习却又管不住自己的同学,在这个关键时候如果得到你的帮助,必将对他的人生产生重大影响。希望大家能认真按要求去落实小组的成立和运行,在这个过程中肯定会遇到一些小问题,请大家自己想办法去解决,需要老师和家长帮助的时候我们一定会竭尽所能。加油吧,为了6月的中考,也为了我们的将来!

附2:线上主题班会

逆风飞翔,自律方能自强

一、教学目标

1. 认知目标:促使学生从意识上认识自律的重要性,引导学生主动去约束自己、改变自己。

2. 情感目标:给学生展示当下疫情期间各行各业涌现出的逆行者的事迹,激发学生对社会的责任感和使命感,进而让学生从自身出发,努力学习,把握当下。

3. 行为目标:学会自律,用实际行动约束自己,努力学习。

二、教学重点

让学生从意识和行动上发生改变,通过展示实例激发学生的责任感,进而迁移到行动的改变,对自己要求严格并自律。

三、教学过程

1. 当中考遇上新冠肺炎

(1)网络释义:这届初三

(2)开学延期,考试延期

2. 当疫情遇上责任

(1)以图片加文字的形式,展示逆行者的事迹

大国领袖的责任:习近平

专家院士的责任：钟南山

武警军人的责任

医生护士的责任

建设者的责任

基层干部、交警的责任

车间工人、快递员的责任

志愿者的责任

（2）引出问题：疫情之下，毕业班学生的责任是什么？

3. 当网络平台遇上自律

（1）指出学生不自律的原因：电子产品综合征

（2）提问学生：毕业班意味着什么？升学—竞争，拼搏—选择，转折—淘汰

告知学生：第一，定位的高低决定你前进的方向。第二，用好你手中的"利剑"：电脑、手机。

4. 励志案例

（1）詹青云的故事

小时候的詹青云，成绩并不好，从乡村学校到贵阳一中，历经六次转学，后来以高考全省前十的成绩进入香港中文大学，而后考入哈佛读博。她付出了日复一日的艰辛努力，坚持与自律让她成功。

（2）班上自律同学的案例

以直观的数据，展示班上居家学习自律学生的上课考勤及交作业考勤，给学生树立身边的榜样。

四、逆风飞翔，我们是追梦人

主题升华：疫情阻止不了我们前进的步伐，只能激发我们更加刻苦探求。

有一种鸟是永远也关不住的，因为它的每片羽翼都闪耀着自由的光辉。只要我们心中怀有对美好未来的希望，怀有对知识和真理的渴求，即使现在宅居在家，依然可以如鲲鹏一样，逆风飞翔，追逐最灿烂的梦想！

网课效率不高

广东实验中学南海学校　李淑怡

【现象扫描】

2020学年的第二学期，由于疫情的影响，学生暂不返校，而是在家参加线上学习。对于初一年级的学生来说，在家上网课缺乏师生互动的乐趣、同学和老师们的监督，却多了安排学习时间和使用电脑和手机等电子产品的自由。个别时间规划能力差、自律性不够好的孩子出现了缺课和缺交作业的现象。

3月3日初一12班学生填写的问卷调查显示，有27.12%的学生认为自己"参加并完成了早读任务，但不够认真"，有20.34%的学生认为自己"线上学习听课时人在心不在、会走神发呆犯困"，有13.56%的学生评价线上学习状态时认为"有人监督的情况下，我才能认真学习"，有25.42%的学生评价自己线上学习状态时认为"我偶尔变懒散懈怠了，对自己很失望"。

【案例情景】

周四早上第一节下课，我惯例查看了考勤名单，发现有三个学生缺勤，不出所料有两个"老朋友"小C和小T，还有一个新面孔——小R。

一开始我还会恨铁不成钢，逃课这两个字怎么能出现在我的教学字典上？我会心急火燎地联系学生和家长，恨不得飞奔去学生家里把他们从床上拉起来教育一通。后来发现由于时间和空间的限制，鞭长莫及，我急不来，只能多提醒多沟通，并给予多一分理解和耐心。我感觉自己像极了一个忙着到处灭火的消防员，忙碌又焦虑，这个不缺勤了那个缺勤，教育了这个教育那个。若不及时想办法，把这样的学习懈怠行为扼杀于萌芽状态，"破窗效应"势必影响整个班的学风。

小C是本周第四次缺勤了，有时是上午最后一节，有时是下午第一节，理由很多，如：网络太差掉线了，去上厕所耽误了时间等；小T连续两周多次迟到和早退，理由不详，因为很难联系上他以及他的家长；小R几乎全勤，但是多次迟交或不交线上作业，原因都是家里网络差上传不了作业图片。我叹了口气，为避免学生继续缺勤接下来的课程，只得提供"VIP线上叫醒服务"。

教师："小C在吗？"

小C"嗯嗯"两声，过了两秒才反应过来是班主任打电话给他，吓得大叫："老师好！"

教师："早啊小C！我看到早读你打卡了，但第一节课你没去上，怎么回事啊，是网络出问题了吗？"

小C："啊！我睡过头了。不是网络问题，抱歉老师，是我早读后太困了，想睡一会儿结果就……"

教师："你下次记得调闹钟哈，或让爸妈看着时间提醒你。"

小C："好的，谢谢老师提醒。今天开始爸妈就去上班了，家里只有我，我下次一定会调好闹钟的，老师您放心！"

教师："明白，你现在赶紧洗漱吧，准备上第二节语文课了。缺了的第一节课记得看回放。"

小C："好的，我中午就补回来，谢谢老师。"

小C为人宽厚，做事有担当，热爱篮球，上学期风雨不改每天放学后都去打篮球。他学习上虽有惰性，但只要为了放学后能顺利打篮球，他会努力背书以求通关，避免被留下来背书。我和小C妈妈沟通后了解到，小C上网课状态很差，这可能和疫情期间他没法外出打篮球、只靠手机游戏来放松娱乐有关。这下子家里没人监督他了，他就更难专注上课了，缺勤次数也就多起来了。

小T和小T妈妈都一如既往地没有回复我的消息。小T一直是一个学习认真踏实的孩子，学习几乎不需要妈妈操心。下午小T妈妈看到考勤信息时生气又无奈，上周开始小T就偶尔迟到早退缺交作业。她以为昨晚和小T谈心后，小T会端正学习态度。没想到小T一大早起床了，把自己关在房间里手机不离手，却并非在专心上课。

小R在学习上缺乏自信，有不懂的也不敢问，上课容易走神，很少动笔做笔记。我上网课时也有提问她，但她不愿意连麦，担心回答错了会出丑。小R基础薄弱，接受新知识的速度慢，网课课堂效率低，从她的作业看出来她已渐渐跟不上进度了。今天小R缺勤的正是她最薄弱的学科——数学。

这一天只有语、数、英三科作业，但到9点半晚辅导答疑结束时，科任老师们的作业缺交名单显示：仍有三分之一的学生还没完成作业，这其中包括小C和小T。

仔细整理学生每天的时间表后，我发现因为早读上课时间推迟了，课程时间和节数减少了，且不用做值日、搞卫生、洗衣服，学生每天睡眠时间和可供自由安排的时间增加了不少，有充足的时间完成作业，还可以进行体育锻炼，听不懂的课程甚至可以看回放，但是学生的考勤情况、作业完成速度和质量却每况愈下。

而且每天催学生，学生也被我催烦了。有一天，我在微信上私聊学生小R时，发现被她屏蔽了朋友圈。事后，小R告诉我是因为她有时会忍不住上课时发朋友圈吐槽网课，她怕我看到了向她爸妈告状，才屏蔽我的。我能理解孩子们注意保护自己隐私的做法，但心里还是有点儿不好受。学生不理解老师和家长平时沟通交流和监督学习是为他们的成长保驾护航，只觉得老师是在火上浇油，和爸妈一样理解不了他们每天上网课有多累多困。

师生终于还是站在了对立面上，这对于一直希望和学生保持亦师亦友关系的我来说，无疑是一盆冷水，浇灭了我每天反馈考勤和作业完成情况、和家长学生沟通等的"救火"热情，也让我清醒地意识到，我不应该只求管住学生，让他们乖乖去上网课、交作业，而应该帮助学生培养良好的网课学习习惯。

方法1：探究原因，对症下药

我仔细地查看了小C的各科出勤和作业完成情况，也和小C妈妈沟通了，发现自从小C爸妈复工后，小C的学习作息就被打乱了。

早读后爸妈就出门上班，没人提醒嗜睡的小C，他早上第一节课很容易睡过头。小C既要上网课，又要照顾弟弟，中午还要做饭，下午第一节课容易犯困或睡过头以致缺课。

傍晚小C也要照顾弟弟和做饭，作业只能推后到晚上爸妈下班后才做。所以每晚9点半发布的作业缺交名单常有他的名字。爸妈只提醒小C一两句赶紧做完作业，就忙着照顾弟弟去了。因为疫情小C没法外出打篮球或跑步，做完作业后只能自己躲在房间里玩手机游戏放松，有时甚至玩到深夜，第二天早读后就犯困。有时小C早上精神状态不好，听课没听懂，晚上作业不会做，为了能玩手机游戏和早睡，就马虎地完成作业。

我给小C妈妈分析出小C看似学习懈怠的背后原因，让小C和爸妈去商量解决方法。我为其家长指出的主要方向是：指导孩子科学安排学习时间，调整作息，为避免孩子沉迷手机游戏，应多关心孩子并安排好晚上的亲子娱乐放松时间。

小C妈妈把弟弟送到爷爷家照顾后，还根据学校线上课程安排表指导小C做了一份细致的时间表，利用零碎时间尽快完成作业，并在小C手机中设定了多个上课闹钟，并且都是让他挑他最喜欢的音乐作为闹钟的铃声，还买了三个起床闹钟放在家里确保他能起床；也让小C爸爸晚饭后陪小C在家里做深蹲跳跃等有氧运动和适当玩手机游戏；平时白天小C爸妈也会多和他视频，了解他在家中学习的情况。

在接下来的网课学习中，小C迟交作业和缺勤的情况大为好转。但小C本身的自制力并不是非常好，爸妈不在家，上课还是会走神，所以网课学习效率还是比较低。

方法2：利用期待效应激发学生的学习积极性

小T上学期期末复习期间经常主动找老师们辅导答疑，期末考试一鸣惊人，成为班里的黑马。散学礼时，他写信向我表达感恩之心，并且给自己定下了更高的新年目标。但网课期间他却因为家长监管力度低、过度使用手机而懈怠了学习，我感到非常惋惜。

小T妈妈因工作忙碌很少及时回复我的留言，终于有一天，小T妈妈回复我的时候，刚好小T没课，我立马打电话过去家访。

教师："小T好，最近你线上学习还适应吗？"

小T："老师好，我觉得还行。"

教师："上学期你课上积极回答问题，带动了周围同学学习。现在在讨论区没看到你发言，我都不大习惯了。"

小T："因为我打字有点慢。"

教师："没关系，你不用每个问题都发言，但每节课总要参与几次发言，你觉得呢？"

小T："好的，谢谢老师。"

教师："我觉得你一直都认真踏实，相信你是不会逃课的。但最近你的上课时长不够，是不是因为家里网络不好掉线了？"

小T："谢谢老师，有时会掉线，因为我哥和我都在上网课。"

教师："好的，明白，我知道你一向体谅父母不愿给他们添麻烦，网络问题我会提醒你妈妈尽快解决的。那作业也是因为网络问题没法上传照片，对吗？"

小T："嗯……有些是没听懂不会做。"

教师："你可以像上学期那样问老师们，我们都很愿意给你答疑。"

小T："谢谢老师，我会多问的。"

教师："你现在不上课时一般用手机多长时间？老师担心你近视度数加深。"

小T："会玩一两个小时游戏吧。"

教师："还行，你是一个有上进心、对自己有要求的孩子，老师也相信你不会沉迷于手机的。"

小T："谢谢老师，我会加油的。"

小T妈妈反映小T听到我对他的肯定和期待很开心，他本来很忐忑，以为会被我狠狠教训一顿。同时这孩子也觉得很愧疚，因为他不想让老师失望。在接下来的网课中，小T最大的改变是能积极参与课堂，我也会及时在班里大力表扬他，他迟到和早退的次数也减少了很多。

方法3：分层作业，树立榜样，大力表彰

基础薄弱的学生，很容易在学习上产生自卑心理，碰壁多了就会有畏难心理。

课上，我转变方式，从连麦提问转为在评论区回答问题互动，并记录下回答问题的名单，也在家长群大力表扬积极参与课堂的学生，并适当减免作业。

课后，适当降低难度、有针对性地布置分层作业，能大大增加这类型学生的学习积极性。我在英语口语软件上分了组，给他们设立符合自身水平的达标分数，学生也可以不满现状刷高分，我也会及时在家长群大力表扬他们这种精益求精、积极向上的学习态度。

有的学生基础薄弱，平时做作业都是拿B或者C，很少拿A+，所以我会布置检查笔记的课后作业。无论是课堂笔记还是评讲课笔记，我都会发对应的PPT。学生只要认真抄了，就算练习册上一片红（正答率低），我都评为A+。有时一个班三分之二都是A+，这些学生都会在周五家长会或者每天的反馈里被我大力表扬。

同时，在我的晚辅时间，我会挑一两名基础薄弱的学生，主动给他们答疑。通常他们都会说"没有什么不懂的"，我就会提问他们重点知识，他们回答不上来的时候我就再讲解。之后，我也会在家长群大力表扬这些"被迫"不懂就问、勤学好问的学生。

小R的英语口语作业缺交次数慢慢少了，评讲课的笔记做得挺认真的，从被迫去问我问题，到主动问我单词怎么读、短语怎么用之类的，也会参与课堂回答一些简单的问题。虽然其间还是会缺交作业，作业质量也是一般，但小R还是养成了线上学习的一些好习惯。

【问题分析】

学生在学校能准时到班认真听讲，为什么在家却出现缺课、走神、马虎完成作业的现象呢？这可能是以下几个方面造成的。

（一）缺乏时间规划能力

上学期刚开学时，我们班的晚修时间并没有按科目进行划分，我观察到学生在完成其弱势科目作业时速度会放慢很多，不会做的题目无从下手，需要思考好一会儿才翻书或趁老师不注意时偷偷摸摸地传纸条问其他同学怎么做，有时候一节课都做不完一科作业，以至于后面完成的科目作业因时间不够而完成质量欠佳。后来学习委员把每节晚修需要完成的作业都安排好，学生们作业质量有所好转，缺交作业人数也减少了。

学生在学校有严格规律的作息安排，听着各种铃声按部就班开展学习。而在家里上网课，学生知道有很多作业，不懂得利用每节课的课后时间，也不知道怎么安排中午和晚上大片的自习时间，不知道什么时候才去做作业、做哪科作业；加上家里生活节奏慢，吃饭、洗澡耗时更长，学生如果不利用零碎时间，把作业都推到晚饭后再做，时间就不够用了。晚上爸妈在家盯得紧但白天的网课没听懂，学生被催得紧就更没法静下心来认真完成作业，所以学习基础薄弱且时间规划能力差的学生，很容易出现迟交或缺交作业的情况。

（二）缺乏良好的学习环境

在学校，班级学风很重要，因为环境暗示对人的影响很大。环境暗示指的是通过人或环境以非常自然的方式向个体发出信息，个体无意中接受了这种信息，从而作出相应的反应的一种心理现象。

从学校晚修开始，教室里安静得只剩下同学们翻书的声音，大家做完一科作业就接着做另一科，在这种环境下，学生是不会趴在桌子上睡觉的，连去向老师提问也降低音量。而在家里，书桌旁边就是床，有些同学甚至穿着睡衣在床上学习，学着学着就想躺下睡觉了，因为自己的房间就是一个用来休息的地方，而不是学习的地方。如果房间过于安静，孩子又不和老师隔空互动，就很容易上课走神，做作业的速度也会很慢。

（三）缺乏良好的社会促进效应

社会促进效应是指因为他人在场，促进了个体的行为能力或水平。人们在共同工作或有人在旁边观察的时候，活动效率会比单独进行时升高或降低。

在教室上课，如果身边同学都大声回答问题，就算是比较文静的同学，也会跟着开口回答问题；如果老师进来监督早读，同学们也会更投入地读书；而如果孩子独自在家一人学习，加之自律性比较差且没有目标，是比较难高效专注学习的。

【对策措施】

（一）加强反馈，强化学生的规则意识，增强家长的监管力

我在家长会上做了思想动员，让家长明白网课期间拼的是家长的监管力，也强调了迟到、早退、缺勤等违反校规校纪行为的处理办法。接下来，我每天在家长群及时反馈课堂考勤情况，大力表扬积极发言的学生，次日整合各科作业表扬名单发到家长群、私发缺交作业情况给对应的同学以及他的家长。每周五晚上，我会召开简短的家长会，将一周的作业情况和课堂情况进行汇报，大

力表扬网课中勤学好问的学生。

对于多次缺勤和缺交作业或作业质量差的学生，我会积极和学生家长沟通、跟进学生学习情况。

（二）利用社会促进效应和同伴影响

利用社会促进效应可以帮助学生营造良好的学习氛围。我和科任老师们、课代表们商量后，决定由课代表课后记录上课积极发言的同学，在家长群和学生群均进行大力表扬。

我重新建立了学生的学习小组，挑选了网课期间自觉认真且能合理利用手机的学生担任组长，每个组的组员都有自觉和不自觉的学生。在分工前我先进行了动员，激发学生的集体荣誉感，期望各小组能认真完成作业、积极参与课堂、不迟到早退，争取能当选每周的"网课学习优秀小组"，实行加分制。平时完成了作业的组员就在群里接龙，小组长进行统计。小组长在晚辅时间提醒未接龙的组员尽快完成作业，也会在家长群表扬学习积极认真的同学。学习委员负责整合每天各小组的作业上交情况和课堂发言情况，以备评优参考。

也可利用同伴影响来激发学生的学习积极性。我将每天的作业上交情况，改成了每日作业反馈表，除了上交情况，还有表扬名单和作业需要整改名单。周五开班会我会大力表扬作业态度认真的同学，并邀请这些同学做简单的学习方法分享。此外，我还会邀请虽然懈怠过但及时改进的同学做分享，同时也会把认真学习的同学积极推选到年级的"网络学习之星"等评选活动中。

（三）家校合力，营造良好的学习环境，培养良好的学习习惯

我会召开主题班会，根据班级学情给予学生高效网课的小技巧指导。

1. 屏蔽干扰。要求学生上课期间清除手机的后台应用、全屏播放课堂，上课期间尽量不喝水、不上洗手间。

2. 培养良好学习习惯。学生上课前应正衣冠（穿校服或运动服，不可穿睡衣或披头散发）、和老师多隔空互动、手上拿着笔随时笔记。学生还应把每节课都调个定时闹钟，提前10分钟进入课堂，做好课前准备工作。

3. 收纳整理学习资料。教师播放录制的视频，手把手教学生把教材和练习册分类收纳整理在各科文件袋里等。

在主题班会上，我还强调良好学习环境的营造需要家校合作。

周末安排整理书房的亲子作业，指导家长给孩子在家里营造和教室相似的学习环境——书桌尽量远离睡床，桌面整洁，书桌上贴好颜色鲜明的时间规划表和激励人心的名言警句，在家为孩子营造良好的学习环境。我也发布了班主任作业，要求学生拍照上传整理书房的结果。

（四）引导学生进行时间管理和规划

英语有一句谚语"All work and no play makes Jack a dull boy"（只工作不玩耍，聪明孩子也变傻），且疫情期间上课方式的改变、亲子沟通问题、长时间待在家里等挑战都让学生的学习压力骤增，亟须进行合理的时间规划，以实现劳逸结合。

要更好地指导孩子们规划时间，首先，要了解学生网课期间课后时间安排。问卷调查显示，学生除了完成作业，还有很多其他安排，如：个人娱乐活动"看课外书"（55.93%）、"玩手机"（40.05%）、"玩游戏"（20.34%）、"练琴、画画等艺术爱好"（18.64%）等，还有亲子活动如"做家务"（45.76%）、"陪家人聊天"（40.68%）等。

其次，要了解现在学生网课期间时间安排不合理导致的问题有哪些。家长和学生反馈的常见问题有：

1. 因为做作业速度慢而被家长训斥；

2. 白天听不懂薄弱科目的课程，晚上作业不会做，需要看回放和向科任老师请教，但耗时长以至于做不完作业；

3. 中午不午休，休息时间都用来组队玩游戏，以致下午第一节课上课状态很差；

4. 有时下课时玩游戏或找零食，错过了下一节课的上课时间。

综上所述，理想情况下网课期间，学生在白天的课间时间应能学会利用零碎时间，做好每节课的作业登记和课前准备，应利用中午和傍晚的休息时间适当休息和完成各科作业，晚上用于弱科的辅导和作业以及个人或家庭的事务或娱乐放松活动，发展课余兴趣爱好或帮忙做家务或陪伴家人。

因此，我先让学生们学会规划白天的学习时间，遵循的原则是：清楚每分钟的安排，时间表无缝衔接，课前做好准备，上午的作业15点前完成，下午的作业18点前完成（薄弱科目作业可留到晚辅时间完成）。

晚上的时间安排原则为：可采用"任务清单"的方式，也可以参考无缝衔接时间表，活动安排为家务劳动、亲子活动和个人娱乐活动三选二。

最后，我会每日发布作业，要求学生拍照上传《每日计划表》和《作业登记本》。我也会及时给予学生个性化修改意见，并将优秀计划表分享到家长群进行大力表扬。

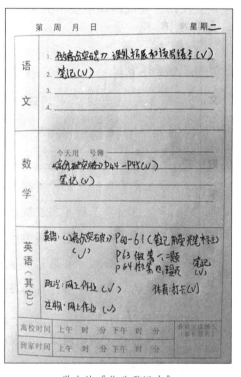

学生的《每日计划表》　　　　　　　学生的《作业登记本》

（五）给家长指导，改善亲子沟通，强化家校合作

平时我会进行电话家访，周五会开线上班会课。

我倡议家长应积极寻找帮助。愿意承认自己教育方式存在不足并积极学习的家长，进行教育时更能让孩子信服。除了和班主任、科任老师多沟通，家长还应多看书，我向家长推荐了三本书：《正面管教》、《非暴力沟通》和《解码青春期》，还有李玫瑾老师的育儿作品合集（音频节目时间不长，更符合家长的忙碌生活节奏）。

我强调了每次家长会都会说的一个点，父亲应多参与到青春期孩子的教育中，并大力表扬了这半年多来，能和我积极沟通的学生的父亲。

我布置了亲子作业：每天家长检查孩子们的《每日计划表》和《作业登记本》，抽查至少一科作业；周末和孩子们整理书桌，并在书桌上贴名言警句，家长应尽力创造良好的学习环境，帮助学生更自然地投入学习中。

我会根据班级情况布置亲子作业，如整理书房，查看网课期间线上学习问卷调查反馈，完成网课下亲子关系问卷调查，观看网课期间家庭微课堂视频，等等。

附：班会课案例

高效网课，成为更好的自己

一、目标

（一）学生能知道上网课普遍存在的困难和身边的学习榜样；

（二）学生能掌握并应用"高效网课的小技巧"；

（三）学生能初步了解并掌握规划每天做作业时间的方法；

（四）学生的父母双方能了解学生上网课期间遇到的困难；

（五）学生的父母双方都愿意多学习、多参与到孩子的教育中；

（六）学生的父母双方清楚自己每天应如何督促孩子学习。

二、活动过程

（一）学生班会：高效网课小妙招

1. 学生高效网课必备硬件

（1）数据呈现：班里学生有哪些支持上网课的设备。

（2）播放视频：观看一则关于偏远山区学生如何上网课的新闻，有的学生爬到屋顶上蹭网，有的学生爬到附近山上信号好的地方上网课。

（3）互动讨论：有了硬件，每位同学就会认真上网课，对吗？

2. 学生高效网课必备软件

（1）图片展示：给出英语口语软件得分截图，截图上有多处被标注为红色，意思是该生有多个单词读音不准确。

（2）互动讨论：如果是你，你会怎么做？

忽略红色标注，只求完成任务；

自己多次练习矫正读音；

寻求帮助，查电子词典或问老师。

（3）学生分享：每种选择会有怎样的结果？你推荐大家选哪种？

图片展示：身边同学不懂就问老师的聊天图片、每天做的计划表图片、老师批改作业到深夜的图片；

表彰和分享：表扬积极向老师请教的学生，并让其分享"好问"心得；

总结：高效网课必备软件是认真踏实、勤学好问的学习态度。

（4）引导学生思考：我们在网课期间有哪些不利于网课学习的坏习惯？

邀请学生分享；

展示网络上找到的图片（坐在床上上网课、穿睡衣上网课、在凌乱的书桌上学习）和晚上老师催交作业到深夜的聊天截图；

总结不利于网课学习的坏习惯。

（5）引导学生思考：为了高效上网课，我们应培养哪些好习惯？

邀请学生发言，回顾周一年级班会课的"高效网课小妙招"；

播放视频，指导学生整理学习资料并装在文件袋里；

展示图片，指导学生制作《每日计划表》和《作业登记本》。

（二）家长讲堂——为孩子的学习护航

1. 问题呈现：网课期间孩子遇到的挑战

其中一个挑战为亲子沟通：孩子存在的学习问题因疫情而暴露出来，因亲子沟通障碍最终呈现为亲子问题，原本的家庭稳态被疫情影响呈现出关系危机。

2. 引导家长思考：从"学习问题"变成了"亲子问题"的原因

（1）灾难化想象。家长会将孩子的问题扩大化，把一个小问题延伸为巨大的问题，因此会产生更强烈的情绪。

（2）想象与现实的差距。在没有看到孩子学习时，家长想象中也许会有一个认真学习的"形象"，但现实却往往并非如此，这就让家长难以接受。

（3）自身情绪的影响。自身情绪未被管理，当看到孩子与自己想象中不同时，更容易爆发出情绪，将学习问题变成了亲子问题。

3. 方法指导：如何为孩子的网课学习护航

（1）理解孩子从良好的沟通开始

方法指导：冷静处理，平等沟通；双向沟通，你说我听。

书籍推荐：《非暴力沟通》

（2）父母双方都应参与到孩子的成长中

养不教，父之过。强调父母双方而不仅是母亲单方参与到孩子的教育中，并表扬积极和我沟通的学生父亲。科学研究调查展示，孩子成长所需的母性之爱呈递减趋势，父性之爱呈递增趋势，到了初中，孩子所需的母性之爱从小学高年级的50%减少为40%，父性之爱增加为60%。

（3）父母的成长是孩子成长的前提

家长先要学会爱自己。为自己的能量瓶"充值"，家长感受到被爱，才能更好地爱孩子，否则只会给孩子带来压力。家长应安排好自己的工作和生活，给自己一段空白的时间。家长有一颗平常心，才能抚平孩子的焦虑，才可以更好地消化情绪和处理问题。

身教大于言传。创造良好家庭氛围，多安排亲子活动，在互动中形成和改善亲子关系。

教不听，多看书。孩子的教育不可仅凭经验。我给家长推荐了两本书——《正面管教》和《解码青春期》，还有李玫瑾老师的育儿演讲合集。

4. 家校合力，配合老师督促孩子学习

（1）不逃避，不放弃，勤沟通，多反馈；

（2）每天检查孩子们的《每日计划表》和《作业登记本》，每天抽查至少一科作业；

（3）应尽力创造良好的学习环境。如周末和孩子们整理书桌，并在书桌上贴名言警句等。

（三）总结并呼吁

（1）回首过去。回顾12班往日的辉煌，我们一起努力拼搏取得过的荣誉，我们的班训、班歌和班名含义。

（2）亡羊补牢，为时未晚。表达我对部分学生出现懒惰现象的痛心，也表达我对学生们能调整好学习状态的信心。

（3）展望未来。鼓励同学们重拾初心，要成为更好的自己。

三、活动反思

给予学生的网课小妙招，并没有后续追踪落实情况。对于线上家长课堂如何增加与家长的互动以及在怎样的环节增加互动，可以多做探索和思考。

【案例追踪】

上一周小C、小T和小R的网课都是全勤，作业有时会迟交但不会缺交。学生的时间规划意识、高效完成作业等良好的学习习惯需要逐步培养，不可能一蹴而就；家长的监管力度和家校合作的配合程度，也需要逐步培养。

运用自我反思培养学生良好的学习习惯

广东实验中学南海学校　曹根群

【现象扫描】

疫情已经持续了一个多月，大中小学纷纷延期开学，孩子们开启了"宅家学"的线上学习模式。有不少学生开始怀念学校生活，在家学习和生活待出了烦闷情绪；也有不少学生适应不了网课教学，静不下心来，学不进去，学习效率不佳；还有不少同学面临中高考，最后冲刺迫在眉睫，如何保证功课不落下？

另外，线上学习期间，老师和家长督促孩子学习难成了一个普遍性的问题。引发这一问题的根源在哪里？在每个有此难题的老师和家长背后，都有一个没有养成良好学习习惯的学生。

【案例情景】

阳阳是一名初中学生，现在每天除了被父母硬拉着上网课，就是吃喝、睡觉、看电视、发呆，一天下来感觉自己好像什么也没做，心里很没劲。周末也是如此，把学校布置的作业完成了，她想开始自己主动学习，但又不知道该从哪里开始。

王老师是一名高中老师，他的困惑是：直播课上看不到每个学生，无法看到学生的听课状态，不能及时地进行听课效果反馈，也无法对学生进行较好的课堂管理。另外在直播过程中，也不能点名提问某个学生问题，了解他的思维状态。只能是学生有疑问了再提出"连麦申请"，而且一次只能连麦一位同学，不能实现小组交流，这样的方式使师生之间和生生之间的互动和交流很有限，让他无法很好地把握学生的听课状态、以便及时调整授课步调。

对此，笔者主要采取了以下方法。

（一）问卷调查

笔者曾经对学生进行过学习过程自我评价的问卷调查，发现自我反思在学生中严重缺乏，学生对自己的学习成果很少去反思评价；有的学生甚至对学习动机都不明确，基础薄弱的同学此现象尤为严重突出。

（二）谈话法

笔者从平时与学生的谈话和聊天中发觉，学生在考试或测试后终于松一口气，认为考完试后就万事大吉了，不用再去准备学习了，学习也倦怠了。笔者认为，其实不然，考试只是终结性评价的一种方式手段，重要的是学生在考试后怎样分析、评价自己在考试中出现的严重问题和一般问题，也就是要去反思自己、发现问题、总结问题，以便日后引起重视，避免再犯。

（三）直接引导法

结合孩子的身心特点，制定出相应的作息时间表和学习计划表，甚至备注出具体学习内容和学习方法。

例如：

学生学习计划表与作息时间表

姓名	性别	学校	年级	语文分数	数学分数	英语分数	文理综	备注
做时间的主人	做自己的时间经营大师：成功的人在于善于利用时间，如果每天节约2小时，一周就至少能节约10小时，一年节省500小时，那么做事的效率就能提高25%以上。虽然每一个人都拥有一天24小时，但是善于利用时间的人每天在24小时的时间内可以做别人在25小时才能完成的事情，因为成功的人单位时间内的效率明显比一般人高。							缺乏时间管理会造成： 1. 容易感到灰心丧气和焦虑； 2. 没有成就感，缺乏自信； 3. 不能真正体会到学习和生活的乐趣，经常感到生活一团忙乱，碌碌无为。

续表

姓名	性别	学校	年级	语文分数	数学分数	英语分数	文理综	备注

时间观念	合理利用时间：重视时间规划，善于利用自己的巅峰时刻，根据自己的日常作息看自己在什么时间精力最充沛，做事情效率最高，那么就在自己精神最好的时刻做最重要的事情。 　　做事有计划、有条理：今日事今日做，分清事情的轻重缓急，确定在有限的时间内先做什么后做什么。 　　做事不能半途而废：中学生做事的特点往往是开始时候热情高涨，但是会出现三分钟热度的情况，所以要避免虎头蛇尾，不要制造借口，给自己找半途而废的理由。 　　做事追求高效率：尽量在短时间内保质保量地完成该做的事情，这对于良好的时间管理者是很重要的一点。 　　及时反思自己的时间利用情况：及时反思自己的时间利用是否合理，给自己提出改善的建议并坚持执行。	

| 成功的习惯 | 1.你是否具备沉稳的成功的性格；
2.你是否具备严格的约束自己的习惯；
3.你是否有较好的学习习惯，每天坚持预习、完成作业、做好复习；
4.你是否在学习之余更好地去丰富自己的头脑、去锻炼自己的身体、去培养自己更多的兴趣，去提高自己的整体素质；
5.你是否具有接受失败、总结失败教训的能力和意识；
6.你是否具有从教训中总结出经验然后制定自己行动的意识；
7.你能否根据自己总结出的经验来及时地调整自己的学习和生活规划。 | |

具体的学习生活反思	时间段	具体时间	所作的事情反思	
	早晨起床、上学之前			
	上午			
	中午			
	下午			
	下午放学后、晚上睡觉之前			

【问题分析】

自我反思是培养学生对自己的活动进行调整与完善的过程。通过反思，有助于学生将感性认识上升为理性的、可迁移的能力；通过反思，不断改进活动、拓展活动；通过反思，还可以培养学生的责任意识。

自我反思既是对前段学习的问题重现，从前段学习中发现问题，寻找解决问题的策略，又是对后段学习活动的推动。反思不仅是对活动的一个整体回顾，更多地是针对活动中的细节与过程进行的。反思体现了学生对知识掌握的自我反省，是学生自我监控的一项重要内容。让学生有良好的反思习惯，有赖于教师为其反思提供时间和内容，并进行及时指导。自我反思也是新课标课程评价的方法之一。

自我反思在学校学习期间对于孩子来说，重要性不言而喻。同样，在学生居家线上学习期间更为重要。怎么反思、反思什么等，这些方面如果学生完成优秀的话，他们的好习惯一定会养成，进步和优秀就将是水到渠成的结果。

学习习惯是什么？良好的学习习惯又有哪些呢？

学习习惯是指在学习过程中经过反复练习形成，并发展成为个体的一种需要的自动化学习行为方式。学习习惯的养成主要包括以下两个步骤。

第一是"反复练习"，在此期间应提醒（学生孩子），学习习惯的养成并非一朝一夕，一般一个习惯的养成需要21天。在帮助学生形成学习习惯的过程中，要求老师（家长）要有耐心，且持之以恒。第二是"自动化"。习惯一旦形成，人们倾向于维持原有的习惯，而不是去改变这种习惯。学习习惯同样遵循这一心理规律。一方面，好的学习习惯是低年级学生拥有学习自觉性的重要基础；另一方面，如果学生之前已经形成不良的学习习惯，那么改变它将十分困难。而在改变不良学习习惯的初期，会引起学生心理上的不适应感。这种不适应感会让孩子抗拒改变。

成功了，为什么成功了？失败了，为什么失败了？都是有原因的。我们要学会一种方法，明白自己是怎么取得成功的，是因为侥幸还是因为努力，如果是侥幸那以后就要更加努力，不能老靠侥幸过日子。失败了，也要明白原因在什么地方，自己到底是什么地方做得不好呢？为什么会出现这样的情况呢？往后如何避免呢？如果没有这样的总结，很难有太大的进步，因为进步在于发现问题、解决问题。

【对策措施】

(一)师生层面

在面对问题时,许多学生总是回答"我不知道,我很笨,我不行的"等,这些都是严重缺乏自信心的表现。

对于绝大多数学生来说,人与人在学习上表现出的差异,背后的本质是自信心的差异,就是不健康的心理表现。高中生容易陷入缺乏自信和过于盲目自信的误区,培养学生的自信心,引导他们运用自我反思逐步走向成熟是学校和教师的重要任务之一。

自我反思中,教师所扮演的角色又是什么呢?众所周知,学生是学习的主体,教师是学生引导者,如何引导学生进行反思也是对教师进行评价的一方面。一位优秀的教师不仅应关注学生的心理健康,同时也要关注如何培养学生的健康心理。一方面,心理健康教育可以帮助教师以一种更宽松、更接纳和更理解的态度来认识和看待学生和学生的行为,不仅注意到行为本身,更注重去发现并合理满足这些行为背后的基本心理需要;不简单地进行是非判断,而是从人性化的角度去理解和教育学生。另一方面,教师在学生进行反思过程中的作用不容忽视,许多学生把老师视为偶像,老师的一言一行都影响着他们。教师要以榜样的姿态和精神正确引导学生进行自我评价,自我反思。

教师要经常引导学生反思自己的认知过程,把自己正在进行的认知活动作为意识的对象,不断地、积极地对其实施监视、控制和调剂,并逐步使这种反思成为学生自觉的学习习惯,从中体验和认识有关学习的策略和方法,使学生乐思、巧思、善思,真正成为学习的主人。

经常性反思而非一次或偶尔进行,要让学生坚持长期反思自己。学习是一个长期的过程,学生在学习的过程中总是受一些不稳定因素影响,坚持反思可以克服这些不良外界因素的干扰。笔者过去的一名高中学生,高一、高二学习习惯不好,还时常迟到早退,学习态度不端正。进入高三,班主任要求他每次大小测试后,对自己的做题结果进行评价、反思,及时制定下期计划,他那年高考取得了不错的成绩,考入了理想的学校。他在高考后谈感想时,感谢老师教他进行自我反思，也让他受益终生。

人们常言"静坐常思己过"，怎样才能克服"过"呢？

良好的学习习惯和方法有利于学生养成良好的个性品格，从而让他们终生受益。良好的学习习惯和方法是在不断反思的基础上形成和累积起来的，如英语阅读，有兴趣的学生中，有的偶尔读，有的广泛阅读，有的仔细一词一句去读（或一字一字默读），这些都是传统的阅读方法。他们往往不会跳读，不能利用边缘视觉去推断、猜测材料内容，更不会在阅读后对教材内容进行判断和反思。所以许多学生总觉得从阅读中找不到乐趣，反而觉得是一种负担甚至是痛苦。阅读速度对阅读效果也有影响，有效的做法是：一开始慢，为找出和捕捉到有效信息进行比较和分析、总结和反思，确定以后寻找和捕捉的重点。这样反复下来，学生的阅读能力会得到提高，阅读的恐惧心理也会消除，慢慢喜欢阅读，喜欢自己主动在课外找英语阅读材料来读，视阅读为快乐的事。

（二）内容层面

反思的内容是多方面的，比如我们教师经常强调的课后复习，以及让学生准备的错题本等。学生自我反思的内容主要有：教材、作业、试卷、课堂效果、错题。

教材。许多学生认为，教材上的知识乏味，老师会讲解，不用去预习复习。实则，教材就是教学大纲的具体知识体现，学生学习必须以教材为主，经常复习教材中所涉及的知识，来巩固自己的学习知识基础。

作业和试卷。学生既怕考试，又希望考试。原因就是害怕自己考不好，同时又渴望自己考好。笔者专门对某中学高二年级200名左右的学生做过课外调查，发现基础薄弱的学生对自己在作业和测试中出现的问题都视而不见，更不会去反思。针对这种突出的问题，老师应严格要求学生准备错题本，或者让他们写下反思日记，记下并时常去复习自己经常出错的问题，加深印象。

课堂效果。笔者在教学过程中发现许多学生在课堂学习的过程中并没有认真思考，大脑中也没有产生问题。其实，学生在课堂上也要注重反思自己课堂问题，而非"不了了之，听之任之"。在课堂学习过程中应注重习得独自、有效、合理的方法，而非结果。因此，笔者认为过程优于结果，学生要学会体现过程。

小结：一方面，老师跟踪指导线上学习期间的学生反思会比学校学习期间困难得多；另一方面，越是特殊时期，我们老师越要相信：反思更重要了！要将"危"转为"机"！

附：班会课设计

自我反思让我拥有良好的学习习惯

一、班会课主题

自我反思让我拥有良好的学习习惯。

二、活动目标

通过调查表的反馈、结果，让学生认识到自我反思和良好学习习惯的联系，在今后的学习和生活中经常做到自我反思：日思、周结和月想！坚持反思，从而养成良好的学习习惯，在平常的学习和生活中取得一定的进步！

三、活动过程

（一）填写调查表（以英语学科为例）：

《高中生英语学习目的与学习习惯调查表》

1. 你努力学习英语是为了：（　　　）

a. 有个更好的前途　　　　b. 对得起父母　　　　c. 对得起老师

d. 实现自身价值　　　　e. 将来找个好工作

2. 你上英语课记笔记吗？（　　　）

a. 每节课都记　　　　b. 经常记　　　　c. 有时记

d. 偶尔记　　　　e. 不记

3. 对于学习英语时遇到的问题，你怎么处理：（　　　）

a. 一发现问题就问老师　　b. 经常问老师或同学

c. 有时问　　　　d. 偶尔问

e. 不问

4. 每天晚修时，你认真对待自己的各学科练习吗？（　　　）

a. 每天认真做作业　　　b. 大部分时间在认真做

c. 有时做　　　　d. 偶尔做

e. 不做

5. 你对现在的英语课堂满意吗？（满意、不太满意、不满意）建议老师改进的地方有，请列举：

_____

_____

6. 对于"课前预习，课后复习"这句话，我是这样理解的：

_____

_____

（二）结果展示和经验分享（学生3人）

学生A（学优生代表）：图映出班上优生和拥有良好反思习惯的学生调查表结果，让这些孩子来分享他们的做法和想法。

学生B（中等生代表）图映出该类学生的代表调查表回答，大家讨论提出改进意见，制定出相应的做法，书面罗列出具体意见。

学生C（学困生代表）图映出该类学生的代表的调查表回答，一对一提出整改措施，这些措施要量力而制定和坚持。

（三）教师小结

坚持运用自我反思对于培养学生的良好学习习惯有巨大的帮助，对于学生形成良好的性格也有很大的帮助。因此，教师在课堂教学中要及时指导、严格训练。久而久之，学生就会形成正确的行为方式并由此形成良好的学习习惯。如：到了中高年级，要特别重视培养学生的验算习惯，要训练学生把验算看作解决问题的最后一个步骤。验算中，学生经过"自我反思"，不仅可以保证解答的正确性，而且可以进一步厘清题中的数量关系。如果发现错误，首先要帮助他们找出原因，然后指导他们调整思路，寻求正确的答案。这样，可以逐步提高学生的解题能力。

不断提升我们的自我反思能力，反思自己曾经学过的每个学科知识，反思的过程不带着自责，不带着否定，不带着情绪，我们就能跳出去总结问题的根源、去改变。我相信每个学生都可以成长和进步，每个人都可以终身成长，终身完善！

参考文献：

［1］姚岭岚.中学生健康心理塑造［M］.北京：人民卫生出版社，2001.

［2］中华人民共和国教育部.普通高中英语课程标准（实验）［M］.北京：人民教育出版，2003.

［3］钟启泉.差生心理与教育［M］.上海：上海教育出版社，1994.

［4］李晓文.学生自我发展之心理学探究［M］.北京：教育科学出版社，2001.

高三语文周测近一半学生不交卷

广东实验中学南海学校　易宜红

【现象扫描】

高三为加强阶段性学习检测效果，经常会安排各科目每周一测。在周日学生返校检测中，我所带的一个班，由于学生学习态度懒散、学习主动性差，居然在收卷时有一半同学都没有交卷，这对班风学风建设造成了极大的冲击。如何让考试最大限度地发挥作用，让学生认真对待每次考试，激发学生学习的内驱力并借此整顿班风，是一个迫在眉睫的问题，同时也是一个让人深思、值得探究的话题。

【案例情景】

面对近一半学生未交试卷的愤怒

早读刚刚结束，我拿出昨晚检测完的语文试卷准备批改。一捏厚度，明显不对。对着学生名单一查，我发现全班居然有16人未交语文试卷！全班总共才30人，却有半数多的学生没有交卷！

我心里"咯噔"一下，非常沉重。下一节课前，我赶紧先找课代表询问，看是不是有漏收的情况。科代表斩钉截铁地告诉我："没有漏收！"我的表情严肃凝重，如水泥地板般难看。如果没有漏收，那从这交上来的数量看，这个班级的学风真是涣散啊！高三学生没有学习的紧迫感，没有对周测应有的重视度，没有对学习应有的严谨态度，没有把学习当成高三生活的主旋律。无论如何，如此大面积不交试卷的事件，真的让人匪夷所思。

我又翻了翻交上来的试卷，只有3人全部做完，剩余的试卷，要么阅读题空着大片没写，要么作文剩余一半没有完成。

这样的完成结果，不仅浪费了老师整合一张试卷的用心良苦，浪费了一次训练的好机会，更是给学习本身敲响了深沉的警钟。从这次周测结果来看，学生们近来的学习效果基本没有保障，且整个班级的班风建设出了很大问题。

我震惊、愤怒，内心在咆哮，但理智告诉我必须要借这次考试整顿好班风，唤醒学生奋发学习的斗志，把这次的犯错当成一次成长的机会。高三学生基本已是成年人，要改变其观念谈何容易？我该怎么办？为此，我陷入沉思……

方法1：批评指责

把未交试卷的学生叫到老师办公室，学生在老师的横眉怒目下耷拉着头，承受着老师的责备。老师像审犯人似的，对其严厉训斥，批评其过错。

教师："为什么不交试卷？"

学生1："不会做。"

学生2："身体不舒服。"

学生3："心情不好，就是不愿意写。"

学生4："考试的时候在那里发呆，不知不觉就到考试结束了。"

学生5："路上堵车，回到学校的时候已经很晚了。"

…………

教师："那为什么不主动找我解释？非要等我现在来问了才说？"

学生基本沉默不语。

教师："不要总是给自己找那么多的借口。说了一堆，都是外在因素影响了自己，怎么不从自己的身上多找找原因？学习为的是自己，不是别人。周日的检测就是正常的考试，不交试卷，不光是违纪，更是对自己学习的不负责任，是学习态度松散的表现。你们必须马上给我补完，并且每人回去写一份保证书！"

学生口头承诺马上补完，并保证会写一份保证书。可是离开办公室的时候，并没有从他们的脸上看出有丝毫悔改、愧疚之意。

老师单方面的情绪宣泄虽是为了学生好，是对学生负责的表现，但有实际效果吗？学生的表现会因为老师的一次训斥就好转吗？这个班级的学风会因为老师的这次大发雷霆就变好吗？答案不言自明吧。

方法2：逐个问询，真诚沟通

每个学生都有其独立的思想、价值观，沟通可以让彼此明白对方的原则，在一定程度上解决问题。所以，为发挥实际的谈话效果，具体问题具体分析，我找学生一一谈话，了解实际情况。这样做既体谅学生，又表达自己的看法；既尊重学生的面子，又坚决捍卫周测的纪律性。

1. 和学生1谈话

教师："你这次没有交试卷，我是很难受的。你不是对学习不认真的孩子。"

学生1："老师，我错了。"

教师："可以和我说说原因吗？"

学生1："我就是有点头晕，身体不舒服，就趴在桌上睡觉了。"

教师："身体不舒服确实会影响学习效果。如果是这个原因的话，老师可以谅解你。可是，这次考试怎么办啊？不练习就在一定程度上保证不了学习效果啊。老师真的又担心你的身体，又担心你的学习。"

学生1："老师，我可以利用课间时间把它补起来。"

教师："好的，那你什么时候可以交过来？"

学生1："中午1点，我写完再去吃饭。"

教师："估计你这次是周末的时候受凉了导致感冒，现在先去校医室拿点药，下次可更要谨慎点，照顾好身体，老师可不想看到高三期间你因为身体而落下了学习。"

学生1："我会的，老师，谢谢您！"

2. 和学生2谈话

教师："你已经是第二次没有交试卷了，到底发生了什么事，你愿意和我说说吗？"

学生沉默不语。

教师："有次我们召开科班会，我对老师们说，我们班到最后进步最大的、能给人很大惊喜的，不是班级的前三名，是你。"

学生2很惊讶，抬起头问："为什么？"

（教师结合学生平时观察到该生的一些情况继续分析）教师："因为你是

班上很少的那个人：在别人都在玩耍的时候，你会选择静下来专心写作业；在别人人云亦云的时候，你会坚持自己的看法。我晚上去查寝的时候，还总是看见你一个人在自习室学习。一个这么有追求、有主见的孩子，怎么可能会不重视学习，尤其是现在高三了。"

学生2的表情很懊悔，感觉自己辜负了老师。

教师："老师希望你这是最后一次。"

学生2："老师，我会尽量做到。"

教师："对于你，我有更多的期许。你愿不愿意在学习方面让我多监督你？"

学生2："可以啊，我学习确实有许多不自觉的地方。"

教师："那我们商量一下每周汇报学习情况的具体时间和方式吧。"

接下来就和学生2商量具体细节。这次谈话，不仅解决了语文周测不交的问题，也在该生其他科的学习方面达成了一致协议，在一定程度上促进了该生的进步。

方法3：表达期许，方法引领

因为这次周测全班实际完成情况太不理想了，所以我打算在下节语文课上暂停上课内容，就这次测试情况，先对学生的思想进行引领、方法进行引导、行动进行监督。

教师（总结这次周测的上交人数、完成情况）："对待学习居然是这样的态度，我需要大家的解释！"

学生感受到气氛的凝重，都沉默不语。

教师："我知道大家肯定是有各自的原因的。比如身体不舒服，确实会影响答题；路上塞车晚到了，确实会造成考试时间不够；那我们能不能想到一些办法，在下次测试的时候，避免这些不良后果？"

学生抬头，对老师的谅解很震惊。估计他们原本以为，等待他们的一定是一场狂风暴雨，没想到老师不仅没有责备，还表示谅解。

教师："面对这样的上交试卷的情况，我作为老师非常难受，也不能接受这样的结果。但我愿意和大家一起分析，找到一定的解决办法。我们来一场'头脑风暴'吧，每位同学拿出一张纸，把你认为可行的解决办法写在上面，最后我们一起来总结出最有效可行的办法。"

之后同学们开始写，我再让班干部上台把同学们写的不同方法一一抄在黑板上，并标上序号。教师对这些方法从始至终不做任何评价，最后让同学们自己从中选出更切实可行的办法予以施行。同学们讨论总结的办法主要如下：

1. 返校时早些出门，预留出塞车耽误的时间，尽量不影响测试时间的完整性；

2. 容易发呆走神的同学，把试卷拆成小版块任务，做完一个板块就自己打卡一次；

3. 考试时间不会有效利用的同学，利用"番茄时间法"，可以把考试时间分成5段，以提高时间的有效利用率；

4. 有必要的话，可以找监考老师提醒自己；

5. 如果不交卷子，就罚他擦黑板一天；或罚他不许去上体育课，剥夺他的活动权。

后来经过讨论，大家都觉得剥夺学生的体育课不妥，高三的学习压力大，适当的运动保持劳逸结合更有利于学习，于是就去掉了这一点。

之所以用这个"头脑风暴法"，是借鉴了国际著名亲子沟通专家阿黛尔·法伯和伊莱恩·玛兹丽施的《如何说孩子才肯学》里面的"六步问题解决法"：（1）倾听孩子的感受和需求；（2）归纳孩子的观点；（3）表达你的感受和需求；（4）邀请孩子和你共同想办法；（5）写下所有想法，不做评价；（6）共同决定这些意见是去掉还是保留，并商定如何让计划付诸行动。

在后来的周测评中，学生再没有出现过如此大面积的不交试卷或不写试卷的情况，实践证明，这个方法立竿见影。

【问题分析】

教师而采取了不同的对待措施，因而也直接导致了不同的教育效果。教育是很有意义的事情，但有意义的事情要做得很有趣、很感人、很恰当，才能有效抵达人的心灵。这需要教育理想、教育情怀、教育智慧和教育自觉。教师只有这样去做教育，才能真正解决问题，才能真正成为学生成长路上的引路人。

（一）教师面对学生不交试卷的常见表现

针对学生如此不理想的上交试卷的情况，老师很容易控制不住自己的情绪，直接把学生拉到办公室责备，然而收效甚微。

1. 严厉斥责，简单归因

有些教师总是相信"严师出高徒"，认为学生犯错了就该严厉批评，指责其错误就是尽职尽责的表现，就是为了学生好。有些教师总是在客观上显得不尽人情，全盘否定确实存在的客观因素，单一地认为学生就是主观上不重视、不努力，导致自己态度懒散。殊不知这种严厉只会让学生觉得老师不近人情而疏远老师，教师根本没有将立足点落实在如何解决问题的层面上。

2. 盲目惩罚，相信保证

有的教师总是觉得"没有惩罚的教育不是完整的教育"，认为只有通过惩罚学生才能达到使其"吃一堑，长一智"的效果。的确，惩罚在一定程度上可以控制不良行为，但是不能教给学生正确的行为，甚至不能减少他们做坏事的念头。保证有时更是一张空头支票，只是学生应付老师的"表面功夫"，基本没有教育的实效性。

3. 方法错误，路径不明

有的教师认为，找了学生，问询了原因，就是和学生探询了方法。甚至还认为自己的教学经验就是方法，因而基本采用简单的处理方式：简单询问+批评训斥+责令整改+告知家长，而没有以同理心去理解学生的客观因素，没有站在学生本身的角度去思考问题，这样的处理方式基本很难有较好的处理效果。

（二）教师面对学生不交试卷应有的思维

1. 事前预防，事中监督，事后跟进

凡事预则立，不预则废。心理学家儒弗斯也说过："只有精准的预判，才会有英明的决策。"老师对班级每位学生的学情应该有充分的了解，在还未进行周测时，就应该在日常的班级管理中建设好班级班风学风，对可能出状况的学生有一定程度的预判；而在实际监考过程中，教师应该多多提醒，尽量将事情控制在可控范围内。事后，教师应该用科学的方法，对不同学生的不同情况用不同的教育方式去和学生沟通交流，调整其学习状态，指出其不足，寄予其一定期望，并和学生共同探讨。弥补本次错误之后，还要持续性地跟踪学情，动态监测，让教育效果达到最大化。

2. 接纳学生考试情绪

尽管学生的很多情绪在教师听来更像是借口，但信任是解决问题的感情基础，如果不能以同理心去和学生谈问题，没有利用好心理学上的"自己人效应"，那么师生间沟通的大门很有可能无法打开。所以，在实际的教育过程中，接纳学生的情绪很重要，并且需要在"同理心"的前提下去找到突破口。这是解决问题的第一步，也是非常关键的一步。

3. 个案诊疗，寻找对策

每个学生都是独一无二的个体，尽管学情归类差不多，但学生个体却是千差万别的。一把锁配一把钥匙，只有根据不同的个体情况采用不同的教学方法，灵活机动，从学生的实际情况出发，才能找到最佳解决方案，拉近师生距离，让学生从一次错误中找到成长的机会。

4. 多元思维，头脑风暴

相信每个学生都是解决自己问题的专家。在和学生真诚沟通后，更需要调动学生的积极性，激发学生的思维，从不同角度去寻找有效解决问题的办法。在整个过程中，教师不需要做任何评价，只有在学生价值观明显有偏差时才予以指正。事实证明，学生对自己提出的方法更愿意去施行，并愿意付出努力去改变自己的不良行为习惯。

【对策措施】

（一）集体方面

班集体是班级精神凝聚力的表现，是班主任长期班风建设的体现，也是教育学生强大而有力的武器。教师可以利用"环境育人"的特点，让学生在集体氛围中去改变自己的不良学习习惯，可以达到一定的教育效果。

1. 树立目标，激发斗志

召开以"梦想""激发学习内驱力"为主题的系列班会，统一思想，以达到一定的教育效果。有梦想的人才会有信仰的力量，它可以指引人不断前行，矢志不渝地奋斗。哲学家尼采说："如果一个人知道自己为什么而活，他就可以忍受生活加诸他的一切苦难。"树立理想、追求梦想，可以让人清楚而坚定地仰望自己的追求，承受磨难，一往无前。一个没有理想追求的人，学习生活中通常漫无目的、发呆走神，学习懒散，意志消沉，斗志不强。所以，通过系列班会课，可以唤醒学生心中沉睡的梦想种子，用实现梦想的力量激发学习的内驱力。

2. 文化引领，统一思想

班级文化建设也是班风学风建设的主阵地，通过一些标语、名人名言、流行激励话语等，将思想变成视觉教育，对学生的松散思想予以警醒，对班级的不良习惯予以提醒，在班级营造健康、积极的氛围。而一些标语制作，可以发动群众的力量，让同学们自己拟写一些，并题上自己的名字，再交给广告公司设计制作，最后张贴在班级，既是对自己的激励，同时又促进班级学风建设，一举两得。如果能运用多种办法，让墙壁说话，用这样一种润物无声的方法去建设班级，相信效果一定会比老师单方面的说教好很多。

（二）个体方面

1. 事前：激励提醒，增强效果

任何习惯的养成都不是一朝一夕之事，无论好习惯还是坏习惯，都有一定的稳定性。对于学习懒散、态度不够端正的学生，要让其改掉不良习惯，老师更要多予以提醒。提醒的方法很重要，一定不要让学生觉得很啰嗦，从而引起学生的反感。如果在激励提醒的方式上多创新，那教育效果肯定更有保障。例如，在即将开始考试时，对有可能不重视考试的学生，或送上一句手写标语，或在精美的书签背后书写一句激励话语，或请他的好友做一个口头提醒，或用手机发一句激励短信等，相信学生既能感受到老师无微不至的关爱，又能受到极大的鼓舞。

2. 事中

（1）接纳情绪，正向转化

在和犯错误的学生沟通时，也要注意真诚倾听。即使学生的很多解释听起来很像借口，老师也不要急于否定。更有效的办法是，先接受学生的负面情绪，不做负面评价。当负面情绪得到老师的认同和接受时，学生会感觉得到了老师的尊重。在这种状态下，学生会放下心中对老师批评的戒备，更容易接受老师接下来的建议，更容易受到鼓舞，从而继续努力、改正不足。所以，老师要学会把学生的负面情绪正向转化，用教育的智慧对学生进行思想、行动的引领，从而在一定程度上改变学生不良的学习心态和学习习惯。

（2）单个点评，重视肯定

人是情感交流动物，往往容易对于向自己倾注了特别情感的人产生好感和信任。所以，这次犯错误之后，如果学生将试卷及时补交过来，老师可以在仔细批改后，再找学生面批，单个点评，详细讲解，并对该生寄语殷切期许和鼓励，相信该生今后会有一定程度的改正，并在未来的学习中尽量端正自己的学习态度。

（3）温馨合约，增进感情

合约有一定的约束力，而要最大限度地发挥合约的作用，就应该让学生根据自己的实际情况，亲手写出一份自己能接受的合约，合约一式两份，学生、教师各留一份。当学生重蹈覆辙时，可以看看合约，对照事情的约定，对自己的行为进行纠正。合约内容应尽量简短，但要包括如果学生没有达到自己制定的要求而实施的相应惩罚。这个惩罚，不是传统意义上的铁面无情，而是生动有趣的惩罚，例如若没有达到，帮老师泡花茶一次、给老师唱一首歌，等等。用这种学生自己可以想到的愿意去做的惩罚，让学生去监督自己行为的矫正，以达到内修外化的教育效果。

3. 事后：跟踪反馈，动态调整

教师对学生的帮助要真正"落地"，除了在思想上情理劝说、措施上具体细致之外，后期的一对一跟踪反馈，更能让学生感受到老师的用心良苦、尽职尽责，更能让学生体会到老师细致入微的关爱，也更能有效地促进学生学业的进步，从而建立彻底改变不良习惯的根基。因此，教师要在全面做好各项思想教育工作后，在行动上帮扶学生的学业，通过耐心的试题讲评，建立温馨师生关系，促进学生进步。事实证明，这种跟踪反馈、动态调整的策略是非常有效的。

附：主题班会课例

让学习马达转起来

一、教育背景

部分学生人生目的不明确、自我发展缺少动力，导致其存在闲暇时间自主学习能力弱，学习效率不高等问题。如何激发学生发展内驱力、促进学生主动学习，就成为摆在我们面前的一个重要课题。21世纪是"教育的社会"。在这样的社会里，终身学习和主动成长将成为社会和个人生活的需要，教育的目的就是引导学生主动发展，"学会求知，学会做事，学会做人"。《国家中长期教育改革和发展规划纲要》指出："要着力提高学生的学习能力、实践能力、创新能力，促使学生主动成长。"

二、设计意图

青少年时期是人生发展的关键时期，只有通过学习才能掌握学科素养、具备基本技能，为此，我设计了《让发动机运转起来》的主题班会，围绕"建立信心——寻找方法——激发潜能"三个流程展开。

三、活动目标

（一）引导学生认识自信心、兴趣对促进学习的重要作用，树立自信心，激发学习兴趣、自身潜能；

（二）通过活动激发学生学习的内驱力，掌握科学的方法，共建班级学习心理共同体。

四、活动方法

小组讨论法。

五、活动准备

情境剧《我难受，我想哭》排练；《过关证》准备。

六、实施过程

（一）游戏导入，建立信心

1.《鸡蛋的进化》游戏规则

游戏开始阶段，每个人都是"鸡蛋"，全体人员先蹲下作为"鸡蛋"，而后相互找同伴进行猜拳。赢者进化为"小鸡"（小鸡可站立，但要双手交叉在胸前）；而后"小鸡"再找"小鸡"进行猜拳，赢者进化为"凤凰"，输者保持在前一个阶段。音乐响起，活动开始；音乐停止，活动停止。停止后记住自己的角色。

2. 现场采访

谈谈你在游戏中的感受是什么？（既要采访成功变成凤凰的同学，也要采访那些多次失败变成小鸡的同学。）

学生1：我刚开始变成小鸡时，非常沮丧，但我对自己说："只要不放弃，我可以变成凤凰。"于是我就继续奋斗。

学生2：最后变成凤凰时，我非常兴奋，感觉人生到达了高潮。回想这整个游戏过程，有许多幸运，但更是由于有我几次在停滞阶段的坚持，才有了最后的成功。

3. 教师小结

玩这个游戏就要相信一句话"只要肯努力，我肯定会变成凤凰"，当一个人对自己有信心，然后去努力、不放弃，总能接近或者达到自己的目标。

（**设计意图**：通过这个游戏，让学生得到成功和失败的情感体验，借此启发学生：学习过程也是一样的，建立信心是第一步，是为下一环节准备。）

（二）情境分析，寻找方法

1. 情境表演《我难受，我想哭》

通过学生表演自己在学习过程中上课、写作业等各种不专心，以致数次考试受挫，因而对学习厌倦，产生想放弃学习的情境表演，引发学生讨论：学习不理想的原因是否就是情境表演里说的"自己太不开窍了、科目太多太难了"？（教师小结：引入美国心理学家维纳提出的归因理论：人们对行为成败原因的分析可归纳为以下六个原因：能力、努力、难度、运气、身心状况、其他不稳定因素，其中起决定作用的是学习内驱力，进而引导学生要学会正确归因。）

3. 头脑风暴交流讨论

如何让自己对学习产生动力？（激发学习兴趣、培养信心、学会自我认同与欣赏、发现或建立进步的标志、多问为什么、多与别人分享、找到学习的同伴互相激励等方法）

（设计意图：通过学生生动有趣的表演激发学生的讨论氛围，通过方法探讨，掌握激发学习内驱力的常用方法，学以致用，促进学习。）

（三）重建兴趣、激发潜能

1. 小游戏树立信心

左右与右手相握，先观察自己是手掌的左拇指在上还是右拇指在上；再改变手掌相握习惯，做相反动作，交叉2遍。问学生，什么感受？（学生：非常不习惯）接着再做21遍，再问学生什么感受？（学生：好一点了，开始习惯了。）

接着引导：学习过程也是这样的一个过程，有些好的方法刚开始不习惯，但坚持下去，坚持1天、2天到最后逐步递增，就能成功。心理学证实一个习惯的养成需要至少需要21天，坚持下去，慢慢就习惯了。

2. 游戏《学科自信闯关》

游戏规则：两个守门神，守门把关。对过关人的外在要求是：昂首挺胸向前走，眼神正视前方，说话声音响亮有力，办事态度坚决。对过关人内在要求是：把自己过关的本事表演出来。从距离守门神3米的地方开始走过去，站在守门神前面说："报告守门神，我是××，我要过××学科这关（自己的薄弱学科），我凭××来过关，现在请求过关。"守门神对合格的过关者，发《过关证》。不合格的打回去，并告诉他为什么不合格，让他重来。

（设计意图：通过游戏树立信心，激发学习兴趣，营造良好氛围，共建学习心理共同体，以促进学生激发学习动力。）

（四）延伸拓展

1. 班级建立学习小组、师徒结对，开展良性竞争，定期交流学法，通过学风建设带动班级学生情绪，共同进步；

2. 建立奖励机制，包括物质奖励和精神奖励，用良性机制激励学生学习；

3. 家校共育，引导家长合理设定目标，通过具有艺术性的方法激励孩子学习，多欣赏少打击，多帮助少唠叨，用和谐的家庭关系促进孩子的学习进步。

出现考试焦虑

广东实验中学南海学校 许 强

【现象描述】

考试焦虑是学生常见的一种以担心、紧张或忧虑为特点的复杂而延续的情绪状态。适度的心理紧张，对学生会起到激励的作用，有利于学生在考试中良好发挥；但过度的心理紧张则导致学生考试焦虑、紧张、不安、失望、记忆受阻、失眠、思维发呆，直接影响在考场的表现，甚至对身心健康带来不良影响。因此，教师在教育教学工作中，要注意学生中存在的考试焦虑现象，并及时进行干预，确保学生身心健康成长。

【案例情境】

做不出这道题，我中考没希望了

晚自习，我像往常一样在教室辅导学生。突然，泷泷趴在课桌上嚎啕大哭，吸引了全班同学的注意。我急忙走过去问怎么回事，泷泷答道："这道物理题我怎么想都不会做，离中考只有两个月，我感觉没希望了。"当时我脑中首先浮现出的就是这孩子考试焦虑了，为了不影响其他学生学习，我把泷泷带到辅导室了解情况。

一到辅导室，泷泷就急于表达："老师，为什么我怎么努力都没有回报呢？我都这么努力了，刚才那道物理题还是不会做。马上就要中考了，我可怎么办啊？"

教师："单单这一道题做不出来，怎么会让你的情绪如此崩溃呢？"

泷泷："马上就要中考了，这道题还是不会，我考试肯定考不好。妈妈要求我一定要努力学习，考上重点高中。我也给自己制定了很高的要求，平时很少与其他同学玩，他们都认为我是'学霸'。可是我近来物理考试分数都很不理想，我觉得自己越来越笨，一上物理课就紧张，怎么努力都听不懂，遇到不会的题更是紧张。我内心很焦虑，一直想着，晚上也睡不着，饭也吃不下。马上就要中考了，我还是不会做这道练习题，心里特别害怕，害怕中考考不好。看到有的同学在进步，我的内心压力更大了，很担心自己因为成绩下滑被同学们看不起，辜负老师和家人的期望。"

【问题诊断与分析】

考试焦虑在中学阶段是比较常见的一种心理状态，是指在考试之前或者临近考试时产生的由于害怕考试失败而引起的一系列的焦虑、抑郁甚至食欲下降、失眠等心理和生理反应。

（一）从焦虑程度层面进行分类

1. 轻度：轻度的考试焦虑表现为学生考前一段时间或者临近考试产生一种紧张、害怕的心理，担心自己复习时间不够，担心因为考试中出现没复习到的题目而导致考试成绩不佳。这种状态只引起一些心理上的焦虑，不影响学生的睡眠和食欲，而且一旦考试结束，这种焦虑感会随之消失，整体上不会影响学生的身心健康。

2. 中度：中度考试焦虑表现为学生考前一段时间或者临近考试会经常感到焦躁不安，缺乏自信心，随着考试越来越近，焦虑感越来越强，有的学生甚至出现食欲下降、失眠的情况，影响正常的考前复习。

3. 重度：在考试前很长一段时间就开始出现紧张、焦虑的情绪，自信心严重不足，觉得自己再怎么努力考试成绩都不会很好。身体上也出现很多症状，如头痛、食欲不振、失眠多梦、夜间盗汗等症状，严重影响学生的复习状态，甚至影响学生的身心健康。

对照焦虑程度的分类及其特征，结合泷泷的表现，我认为他属于中度的考试焦虑症状。

（二）泷泷出现考试焦虑的原因

1. 对考试成绩看得过重

泷泷身负家长的厚望，希望自己通过好好学习考上重点高中，所以认为自己一定要认真学习，把每一次考试都考好，只有取得高分才能不负父母、老师及自己的期望。于是，导致他在考前因为一道题不会做而情绪崩溃，认为这道题不会做，考试就考不好，考试考不好又担心被别人瞧不起，内心压力激增，焦虑状态也会越来越重。

2. 家庭和学校教育影响

对于很多家庭而言，父母都给予孩子过重的学习压力，把过多希望寄予孩子身上，以孩子考上重点高中为目标。从学校方面讲，学校要重视素质教育，不能只重视学生的分数和排名，要重视学生的心理健康。泷泷也非常要强，不甘心失败，一旦出现题目不会做，就觉得自己考试成绩肯定不会很好，越想越紧张、越痛苦，从而产生焦虑的情绪，严重影响了正常的学习和生活，影响身心健康发展。

3. 周围同学关系影响

泷泷把所有精力都放在了学习上，忽视了与其他同学的正常交往，伙伴很少。在同年级同学眼中，他是个"学霸"，心思只放在学习上，从来不去玩耍放松，导致泷泷内心也会觉得自己一定要比他们学习成绩好，不然肯定会被笑话、会被瞧不起，于是更加在意学习成绩，甚至一道题解不出来都会崩溃。

4. 应挫意识与应挫能力较差

泷泷刚上初中的时候，学习方面基本上比较优秀，学习成绩一直稳定在班级前列。随着课程越来越多，知识难度也在加大，泷泷的成绩难免会有波动，但他不能及时转变心态，抗挫折能力较差，导致他在考试之前很容易产生考试焦虑。

（三）考试焦虑心理辅导方案

1. 合理情绪疗法

通过与泷泷的交谈，以及对他现状的分析，我制定了一些针对性的心理辅导方案，主要是运用合理情绪疗法与泷泷一起找出产生考试焦虑的原因，并对原因进行自省，反思自己对于考试的认知偏差，从而改变其自身对考试不合理的认知。

合理情绪疗法是美国著名心理学家埃利斯于20世纪50年代首创，属于认知治疗的一种，该理论认为人们的情绪障碍是由于人们的不合理信念所造成的。我在心理辅导过程中协助泷泷对他存在的不合理信念进行反思，从而通过改变泷泷的不合理信念来改变和控制其情绪和行为，最终达到辅导效果。

以下为摘录的几段辅导对话：

教师："单单一道题做不出来，怎么会让你情绪如此崩溃？"

泷泷："马上就要考试了，这道题我还是不会，我这次考试肯定考不好了。"

教师："你为什么会这样认为呢？"

泷泷："因为这道物理题我怎么都不会做，我以前从来没这样过。"

教师："你不会做这道题目，只是让你情绪崩溃的导火索。你心底深处是怎样想的呢？"

泷泷："我觉得我解不出题了，我考试成绩肯定很差，我不再是个好学生了。"

教师："好，那现在静下心来想一想，你这个想法到底合理不合理。假如这道题仍然不会，而你的成绩不会有丝毫的变差，你还会如此激动吗？"

泷泷："那肯定不会了，我主要是害怕考不好。"

教师："好，既然这样，那你想一下你是不是在每一次考试中所有题都会做，你有没有得过满分？"

泷泷："我从来没有得过满分，我并不是所有题都会做。"

教师："也就是说，你之前考试也是有不会做的题，但是成绩仍然很好。那么现在你再想想，不会做这道物理题真的会产生那么严重的后果吗？"

泷泷："这样想想好像是不会，可是我觉得不会做这道题，考试就会考砸，在父母和同学眼里我就不再是好学生了。"

教师："那你可以这样想，即使考试的时候真的遇到这道题了，你做不出来，而这道题最多十几分，还有剩下的分数可以争取，如果你能得到其他分数，你的成绩在班里也算是优秀的吧？"

泷泷："应该算是吧。"

教师："所以你为什么非得在这道难题上纠结呢？这样别的知识点是不是

也无法更好地复习了？ 相对于一道题不会，耽误其他知识的复习是不是会更影响考试成绩呢？"

泷泷不好意思地笑笑："老师您说得对，我或许应该适当放一放，先复习其他知识点。"

教师："对啊，所以如果以后再遇到这种情况，你会怎么做？"

泷泷："放弃那道实在解不出的题目，先复习其他的知识点，争取掌握更多的知识点。不懂的及时问老师和同学，查漏补缺。"

教师："很好。"

2. 介绍一些克服考试焦虑的技巧

在泷泷对考试有了合理的认知之后，我又教给他一些克服考试焦虑的技巧，希望能帮助他尽快摆脱困扰。

（1）积极的自我暗示

大部分的考试焦虑，学生通常对自己有很消极的暗示，在考试之前很容易在复习过程中遇到难题或者难以理解的知识点，就暗示自己"太笨了""根本不是学习的料"，这些消极的自我暗示很容易让学生泄气，打击学生的自信心，影响学生积极备考的动力。遇到这样的学生，我们要及时引导学生走出这个错误的归因模式，引导学生进行积极的自我暗示，如让学生多对自己说"我能行""我很棒""我一定能取得好成绩"，在备考过程中给自己足够的信心和动力。

（2）积极参加课外活动，学会与人交流

一直闷头学习而不注意劳逸结合很容易让人的思维变得狭隘，心理上也更容易陷入焦虑、抑郁的状态。因此，我也鼓励泷泷不要将全部时间和精力都放在学习上，要多与人交往，多参加课外活动，放松自己的身心，可以通过与他人的交往汲取力量，有烦心事可以倾诉，有快乐可以分享，能够让自己在心态上更加积极乐观，不会因为遇到一道题不会做而崩溃。

3. 帮助调整学习方法

（1）重新制定学习目标

每个学生都应该有一个明确的学习目标，但是目标的设置也要符合自己的学习实际情况。学习目标如果过高就会很难实现，会打击学生的自信心，导致学生产生焦虑。基于此，我也引导泷泷要结合自己的情况，重新定位，制定符合当前实际的学习目标，尽量制定可以通过自己的努力能达到的目标，慢慢进步，不要把目标定得太高，怎么努力都很难达到，这样会丧失进步的动力。

（2）进行有效的复习

考前复习并不是盲目的，应该科学合理安排。在辅导过程中，我指导泷泷多看基础的内容，不要过分纠结对自己而言确实存在很大困难的知识点。对于有难度的题目，也不要因为解不出而丧失信心，产生焦虑，要懂得适当放弃，顾全整个复习过程。

（3）掌握一定的应试技巧

为了拥有更好的心理状态，避免出现严重的考试焦虑心理，学生应掌握一定的应试技巧，分清哪些是重点复习的内容、哪些是可以不要过分纠结的内容，掌握不同题型的解题方法，遇到难题应该如何处理等。对于泷泷这种情况，我指导他遇到难题，要暂时放一放，长时间解答不出来就不能过分纠结，应该继续进行其他知识点的复习，不要顾此失彼。

【效果与反思】

泷泷的心理辅导一共进行了四次，每次都有一些进步，现在泷泷的考试焦虑程度已经有了很大的改善。泷泷不仅学习效率提高了，自信心也提高了，能够平心静气地面对考试，也掌握了一些应试技巧，身心的不良反应也完全消失了。我在之后仍将继续随访，确保对其做到及时疏导。

在与学生进行沟通的过程中，大量的案例说明学生心理变化受家庭教育和学校教育的影响很大，不管是家长还是教师都应更加重视学生的心理健康，为学生的身心健康成长创造良好的教育环境。

附：主题班会课例

你好，考试焦虑

一、活动目标

（一）认识考试焦虑，了解考试焦虑是什么，源于什么。

（二）学习科学有效的方法，缓解考试焦虑。

（三）树立积极的学习态度，沉着应试。

二、活动准备

多媒体、纸片、PPT、歌曲

三、活动过程

（一）感受考试焦虑

1. 要求学生拿出纸笔，告知学生这节课临时考试。

2. 在学生拿好纸笔之后，告知取消考试，而是上一节关于"考试焦虑"的主题班会。

3. 教师提问："当我说这堂课考试的时候，你内心是怎样的感受？"

大部分学生回答先是感到吃惊，然后是慌张，因为自己之前并没有准备，接着出现焦虑情绪，这么突然的考试，我能考好吗？我没有准备，考不好怎么办？面对突如其来的考试安排，有的学生保持着适当的紧张迎接考试，有的学生想着大家都没准备，大家都一样，缓解了焦虑情绪，有的学生无比焦虑甚至听到突然要考试而紧张得发抖，对即将到来的考试感到恐惧。

（**设计意图**：直扣情境，还原临近考试的真实状态，让学生感知焦虑，感知自己的情绪变化。）

（二）深入了解考试焦虑

1. 教师利用多媒体向学生展示考试前关于焦虑的漫画人物的情绪图片。

2. 引导学生回忆自己刚才或者平时是否如漫画人物一样，面对考试是否有同样的情绪状况。

大多数学生反映自己在考前确实有过类似的情绪，尤其在考试前几天，内心忐忑不安、焦虑，担心自己考不好。有些学生除此之外还有食欲不振的现象，甚至因焦虑担忧导致……

3. 认识考试焦虑。

考试焦虑，是指因考试压力过大而引发的系列异常生理、心理现象，包括考前焦虑，临场焦虑（晕考）及考后焦虑紧张。主要表现为怀疑自己的能力、忧虑、紧张、不安、失望、行动刻板、记忆受阻、思维发呆，伴随一系列的生理变化，如血压升高、心率加快、面色变白、皮肤冒汗、呼吸加深加快、大小便增加、坐立不安、食欲不振、睡眠失常……

让学生从感性出发，结合自己的实际认识考试焦虑，又从理性的角度了解考试焦虑的定义以及表现，然后组织学生判断自己是否有考试焦虑的心理困扰。根据调查的结果发现，全班有一半以上的学生有轻度的考试焦虑，有一小部分学生有中度的考试焦虑。

（**设计意图**：让学生了解考试焦虑的定义及表现，了解自己是否存在考试焦虑，引起学生的重视。）

（三）理性看待考试焦虑

1. "唱一唱"游戏

教师随机邀请A同学到讲台上随意唱一首自己拿手的歌曲，要求是：

第一次是台下的同学全部闭眼，A同学在讲台上唱歌。

第二次是台下的同学有一部分睁眼，A同学在讲台上唱歌。

第三次是台下的同学全部睁眼，A同学在讲台上唱歌。

结果发现，A同学第二次唱得最好，其次是第一次和第三次。

2. 引导学生归纳A同学第二次唱得较好的原因：第一次同学全部闭眼，A同学没有任何焦虑，处于放松的状态，所以唱得好坏关系不大。第二次有一部分同学睁眼，A同学感受到了适度的焦虑，小心翼翼地唱，避免出错。第三次，剩下的所有同学都睁开眼睛，A同学感受到压力，产生了过度的焦虑，反而唱得不好。

总结：考试焦虑是把双刃剑，它与考试成绩成倒U型曲线关系，适度的考试焦虑有利于考试发挥，过低和过高的焦虑不利于我们在考试中更好地发挥。

3. 教师组织学生写下自己产生考试焦虑的原因，教师进行最后的总结与分析。例如，考试焦虑主观上的原因有复习不到位、对自己缺乏信心、过分看重考试成绩……；客观上的原因有来自家长和老师的期待、学生之间的竞争……

（**设计意图**：以唱歌游戏的方式调动学生参与，活跃课堂气氛，让学生深入直观地了解考试焦虑，理性看待考试焦虑与考试的关系，也为后续活动设计做铺垫。）

（四）科学缓解考试焦虑

1. 组织学生把自己考试焦虑的原因无记名地写在小纸片上，然后上交给老师，由老师抽纸片与学生共同探讨交流缓解纸片上所写的考试焦虑的对策。

对策总结：主观上踏实复习、鼓励自我、对着镜子表扬自己、正确看待考试等；客观上与教师、家长、同学多交流……

2. 教师分享其他缓解考试焦虑的方法。

（1）音乐疗法：播放轻柔的音乐或根据自己的喜好选择让自己放松的音乐，让自己沉浸在音乐中放松自己的情绪，缓解焦虑的情绪。

（2）深呼吸法：闭上双眼，放松全身的肌肉，深深用鼻吸气，收紧全身肌肉，接着微张嘴巴，放松全身肌肉，缓慢呼气。

（3）兴趣法：绘画、唱歌、剪纸、跳舞、阅读……总之，做自己感兴趣的事。

（4）运动法：跑步、游泳、跳绳、打篮球、排球、网球……

（**设计意图：**通过活动，将学生的主体地位凸显出来，让学生主动深入认识焦虑，并探讨对策，以多种途径积极应对焦虑，做到科学合理地缓解自己的焦虑情绪。）

（五）总结升华

1. 教师播放音乐《最初的梦想》。

2. 教师引导学生写一句鼓励自己正确面对考试的话，放入纸箱中。

3. 教师引导学生谈一谈本堂课的感受，对考试焦虑的重新认识，面对考试焦虑会如何处理，总结科学合理的缓解考试焦虑的方法，让学生走出考试焦虑的心理困扰。

4. 教师总结：正确面对考试焦虑，科学缓解焦虑，正确看待考试，探寻适合自己的考前复习技巧，以及科学合理的缓解考试焦虑的方法，让自己更加从容地面对考试，并在考试中取得理想的成绩。

（**设计意图：**在有激励性的音乐的熏陶下，升华学生对考试焦虑的认识，指导学生沉着应试。）

学困生转化效果不佳

广东实验中学南海学校　程勇刚

学困生是每个教师在教学过程中都会遇到的一个群体。学困生的出现本身是很正常的一个现象，却决定着班级学情的走向，对于班级学习氛围以及教师教学进度都有着深远的影响。针对学困生问题，相信每一位教师都想过不同的办法去解决，由此也出现了不同的教育情景，进而产生了不同的教育效果。

【案例情景】

面对学困生的选择

梁同学是个体育爱好者，一下课就在教室里跑来跑去，追逐嬉闹。一方面，他上课常常做小动作、窃窃私语；作业不认真，应付了事，每次问到不交作业或者乱写的原因，总是选择沉默面对，亦或借口上课没有听明白，却不会主动来寻求帮助；遇到多科作业未完成或者违反了纪律，又假装认错博同情，实则并不改正。另一方面，他对于班集体的事情比较上心，每次有班级活动很积极，尊敬老师，无论怎么说他，他承认错误的态度始终比较好，在同学们心目中还有爱护同学的良好形象。

转化中的措施主要包括以下几种。

方法1：爱心感化

班主任要对学困生有真诚的爱，应怀着强烈地人道主义情怀给他们以心灵的呵护，帮助他们树立起人格尊严，这是转化他们的第一剂良药。我对学困生通常会有所"偏爱"：课堂上只要有能够举手发言就加以鼓励；学习上稍有进步就给予赞许；品德上做点好事就进行表扬，让学困生也能感受到被赞许和表扬的快乐。

梁同学虽然在学习方面表现不佳，但并非全无可取之处。有一次数学课上，我布置了一道堂上练习题，下去巡堂的时候，发现梁同学苦思冥想，作业本上寥寥几行数学公式也并非全对，但每一行都写得很工整，于是我抓住机会，用手点点他的字笑着鼓励道："写字挺工整的，不错！"从那以后，我发现梁同学的作业越来越工整了。除此之外，梁同学的力气很大，体育成绩也不错，经常帮助班里做好事，在同学们心目中形象很好。为此，我在几次班会课上着重表扬了他，他在这方面表现得越来越积极了。

结果：教师的爱心、关心激发了学生的上进心，他作业更工整了，劳动变得更积极了，课余时间还悄悄为班级做好事。但在学习方面的信心依然没有得到有效激发，还有很大的提升空间。

方法2：批评指责

常言道"良药苦口利于病，忠言逆耳利于行"，天底下没有不犯错误的学生，在学生犯错时，对学生使用批评手段也是非常有必要的。

在经过了一段动之以情、晓之以理的感化后，梁同学的学习依然没有进步，甚至到了谈"学"色变的程度，他许下的承诺书比数学课本还要厚，但这丝毫没有改变他的散漫。于是，我把他叫到了办公室，严肃地批评了他，他又一次在我面前"认错"，但我已经"免疫"了，更加严厉地批评道："别跟我整那些没用的，有时间在这声情并茂地承认错误，不如多花点时间想想怎么把你可怜到快要成为负数的分数提高。"他在惊愕之余，好似从未见过如此不留情面的老师，只好木然地点点头，灰溜溜地走出了办公室。

结果：梁同学的数学成绩越来越差，上课甚至不敢抬头，在校园里见到老师也绕道而行。

方法3：激发兴趣，方法引导

我严厉批评了梁同学后，发现他的厌学情绪更高了，于是，我开始做梁同学的心理辅导。我先是肯定了他对班级的贡献，随后和他分析了现在他面临的学习问题，最后对他提出了一些学习要求，并鼓励他不懂就问，让他观察记录优秀刻苦的学生的具体学习表现，使这些具体的优秀画面不断在他的脑海中出现，并激发他初中的优秀体验，以不断刺激他好学上进的欲望。为了让梁同学进步，我倡导开展"一帮一"活动，让学优生帮助他培养良好的学习习惯。平日我加强了对他的要求，对他多鼓励，给他信心。我也会及时与学生家长联系，做好家校互动，交流学生学习生活情况，通过家校合力，管理好学生。

结果：通过一段时间的努力，梁同学的改变非常明显。过去见了班主任就跑，现在常常借着到办公室问问题，找机会和老师搭讪。在班里也比原来活跃多了，慢慢产生了学习兴趣，欠交作业的次数不断减少，思想行为越来越好，学习成绩也在慢慢地提高。

【问题分析】

（一）一味的鼓励教育已经严重制约了教育的发展

来自里德学院和斯坦福大学的学者综合审查了150个关于表扬的研究。他们的元分析结果显示被表扬的学生变得更倾向于规避风险和缺乏独立精神。学者通过相关分析发现，口头表扬越多，学生坚持任务的时间更短；会经常用眼神像老师寻求肯定；会用带有询问语气做含糊不定的回答。鼓励式教育每每会让学生觉得做一件事是为老师做的，没有明确的目的，也没有乐趣，只为求表扬。教育应该是个性化的，有些孩子需要糖果教育，有些孩子则需要棍棒教育；有些时候需要鼓励教育，有些时候则需要惩罚教育。一味的鼓励教育，没有一定的表现基础而胡乱表扬，不利于孩子的健康成长和身心发展。惩罚教育与鼓励教育相结合，才是完整的教育！

（二）切忌不分场合、简单粗暴的批评

这种方法任何人都很难接受。人都有自己的自尊心，即使是再调皮的学生也非常顾及自己的面子，不愿意在众目睽睽之下受到批评。因此，对学生进行批评教育要讲究场合，最好不在人多的场合当众批评学生，伤其自尊。要选择适当的场合，循循善诱，晓之以理，动之以情。常言道："好话一句三冬暖，恶语伤人六月寒。"不同语言、态度的批评，产生的效果截然不同。古人云："人非圣贤，孰能无过。"犯错误并不可怕，只要能改就好。教师不要总把学生的缺点记在心里，动不动就旧账重提，在大庭广众之下无止境地数落学生的

错误，甚至用讽刺挖苦的语言新账老账一齐算，让学生永远背着包袱，生活在过去的阴影里。教师对学生批评教育的目的是为了使其受到教育，达不到教育目的的批评是徒劳无益的，也是不可取的。

（三）抓好思想道德教育，是转化学困生的重要一环

对于一些学困生，只要你善于发现他们身上的积极因素，并以此为动力，激发学生，鼓足勇气，树起信心，就能促进学生的德、智、体、美、劳等方面全面发展。及时做好学生心理辅导，多跟他们沟通很重要。创设乐学情境，挖掘学生的闪光点是转化的必要措施，后进生一般由于对学习没有信心而导致厌学，多给他们鼓励很重要。除了持之以恒给受导学生学习信心，做好家校联系也是转化后进生是否能成功的一个重要方面。

【对策措施】

（一）加强心理沟通，形成和谐的心理氛围

我利用课余时间找梁同学谈心、交流，甚至还邀请他与我一起晚饭后在操场散步。这样尽量使他与我产生一种亲近感，从而消除对数学的恐惧和排斥。渐渐地，他也比较愿意向我敞开心扉，数学学起来似乎也不那么令他感到头大了。

（二）及时给予适当的评价

我坚持对他以鼓励、表扬为主，以朋友的立场去引导他，增强他的学习自信心。

（三）联系家长一起教育

吸取之前的教训，我与他家长联系时，尽可能地说一些他的点滴进步。比如：小家伙实际挺聪明的，好好学肯定能学好；这周又比上周有了一些进步；运动会上表现非常好；这是一个非常棒的孩子，等等。这样使家长对管好自己的孩子也有一定的信心，增强了教育的合力作用。

（四）针对数学学科的特点进行培养

数学学科的特点和学习任务，重点是对数学基础知识、基本方法的掌握，以及对基本能力的培养。为此，我在对他帮扶的过程当中侧重于"双基"，强化重点，主要采取"三步法"的做法：

第一步：课前指导预习。课前的预习，有助于学困生尽早进入课堂教学状态，有助于对一些基本知识的掌握，也有助于学习自信心的培养，可以尽量减少因为课堂听不懂所产生的溜号。自从对梁同学进行课前的一些预习指导，他的听课效率明显得到了提高，注意力也集中了。

第二步：课堂强化基础。对于学困生的帮扶，不能够丢掉课堂这一教学主阵地，所以我们在教学设计、课堂教学当中不能忽视这部分学困生的存在，尤其对于一节课的基本知识，尽量要让他们能够在课堂中过关。对于梁同学，每节课课堂上的提问自然不可避免，主要选择一些较为基础的问题让他回答，重点关注他对于基础知识的掌握程度，而及时的鼓励当然不可缺失，虽然降低对他知识学习的要求，但树立的是继续学习的动力与信心。

第三步：课后巩固基础。很多数学学困生产生的根源在于课堂不听课，课后不做作业，久而久之，成绩自然就差了，要让他们做作业，不能不加选择，基础好的学生做什么，他们也做什么。有针对性的布置作业，一方面可以避免他们抄袭作业，另一方面更有助于他们主动完成作业。对于梁同学，每天我都有针对性地布置他一些数学基础作业，可以说是班级当中独一无二的，断绝了他一时懒惰而抄袭的想法，并且对他的作业进行面批，出现错误及时辅导，并对新知识加以巩固。

【后期效果】

通过以上的步骤，主要想法是通过把握课堂教学当中的几个关键环节，降低学困生学习数学的重心，在学习的过程当中多扶一把，及时解决他们在学习过程当中的问题与障碍，及时加以鼓励，树立他们学习的信心。经过对梁同学一学期的帮扶，他对数学不是那么排斥。我请他到办公室来做题，他也基本能按时过来，脸上也浮现出一种自信的神情。从中能看出，自信心在他心里慢慢滋长，只是很不稳定，随着一次次成绩的好坏而起伏着。他的成绩在逐渐上升，虽然有小幅度的反复。本学期期末考试，他的数学考了60分，与别人没法比，但跟他自己比已是翻天覆地的变化。因此，学困生的转化首要是信心的树立，其次才是学习方法的渗透，最后才能亲其师信其道。

附：主题班会课例

如何调动学生的学习积极性

一、活动目标

（一）这学期，由于同学缺乏学习自主性，直接影响了班级建设。为培养学生学习积极性，召开本次班会。

（二）通过班会，使同学们增强学习意识，培养同学们的学习积极性。

班会形式：欣赏名人文章、谈话、讨论等形式。

二、活动准备

（一）召开班干部会议，确立班会主题、商讨班会环节、确立班会主持并培训。

（二）布置会场。（在课室前面黑板书写主题，准备梁启超的文章，准备音乐磁带，布置教室座位。）

（三）准备要用的问卷调查表。

班会主持：男女同学各一名。

三、活动过程

（一）主持人发言

男：老师！

女：同学们！

合：大家好！

女：首先，让我们以热烈的掌声对亲临指导的领导、老师表示热烈的欢迎。（掌声）

合："自主学习"主题班会现在开始！（掌声）

女：首先，我们两位主持有一个小小的请求：请我们班的小作家李力同学为我们朗诵梁启超的《少年强则国强》，为这次主题班会拉开序幕（李力朗诵文章，主持人用录音机配上音乐）

男：同学们，作为新中国的下一代，我们肩负着历史的重任，祖国的建设与繁荣也离不开我们这一代，我们用什么使祖国兴旺发达呢——知识！用知识改变命运，改变国家。

女：下面们给每位同学发一张问卷表，希望大家根据实际情况来填写。

（发卷子，学生填写。）

卷子内容：

你为谁而学习？

A. 父母　　　　　　　　B. 自己

你能自觉成学习任务吗？

A. 能　　　　　　　B. 勉强能　　　　　　C. 不想学

男：通过这张问卷主要是想使大家对自己的学习状态有个了解。

（二）下边请大家欣赏我们自编的小品《同学》

小品内容：有两位同学是同桌，他们同样聪明，但是一个人学习时很认真，另一个人上课时不自觉，连家庭作业都得父母督促。长大后他们有了两种不一样的人生。

女：小品已经表演完了，让我们再次以热烈的掌声感谢各位"演员"的表演，谢谢。

男：非常感谢这些同学为我们表演了一个如此精彩的小品。同学们，下面请大家以四人为一小组进行讨论。

（三）分组讨论

全体同学以四人为一小组展开激烈讨论。后自由发言，谈各自看法，小品中哪些人物的做法错误的，导致了小品的结局。通过讨论大家明白了学习是自己的事，不是为父母读书，不是为老师读书。

女：同学们刚才的发言都很好。我们是独立的人，有选择命运的能力，一切在我们自己的选择中。下面，我们进行班会的最后一个环节："我要这样做"。主要是让同学们谈一谈以前什么事自己做得不对，以后要怎样做。

（学生自由发言。）

男：同学们，我们的发言先到此为止。今天同学们都积极地参与发言，希望全体同学听过之后，互相取长补短，共同进步。

女：这次班会的三个环节都结束了，感谢大家！

四、请班主任作总结性发言

（班主任总结发言）同学们，今天召开的班会非常成功，你们在班会上这样精彩的表现，让我非常高兴。在高兴之余，我也希望同学们不要把这次班会当成游戏，要把今天说过的话用到学习中去，我们是新中国的中坚力量，祖国的建设还要靠你们，要把知识用到设计命运的蓝图中去、用到祖国的建设中去。少年强则国，各位加油！

五、宣布主题班会顺利结束

略。

六、教学（班会课）反思

本次班会课成功之处：通过以学生为主导的方式，使同学们领会到同学之间要学会取长补短，共同进步。同时也明白了如何提升个人的自身气质，《少年强则国强》的朗读振奋人心，更好地铺垫了后面情节的展开。

不足之处：游戏环节的铺垫和延伸不够，没有使得主题更为凸显，同时环节进行中缺乏配合训练，稍微显得有些仓促，应引以为戒，以后认真筹备！

学生经常欠交作业

广东实验中学南海学校　钟燕婷

【现象扫描】

学生欠交作业问题属于班级管理中的常见问题。由于高中学生课业繁重，学习科目较多，作业量大，偶尔欠交作业属于正常现象。但是如果班级里个别或者大部分学生经常欠交作业，则可能对班风学风造成不良影响，不利于学习氛围的营造。作业是学生巩固知识的一个重要环节，直接影响学生的学习成绩。因此，个别学生或大部分学生经常欠交作业的问题，值得关注并探讨。学生经常欠交作业，原因是多方面的。针对这一问题，教师应采取相应的措施，提高学生的作业完成度，保证学习的质量，提高学习的积极性。

【案例情景】

作业总是收不齐

早上第一节下课，科代表把英语作业搬到办公室，并把作业上交情况登记表拿给我看。我仔细看了一会儿，发现全班36个人中只有24个同学交了作业，欠交作业的人数竟达到三分之一！我问科代表："这些同学怎么没交作业？你去催交了吗？"科代表十分无奈地叹了口气，说："老师，没办法，他们就是不交。我去催了，也没用。"我又仔细看了一下欠交作业的名单，发现部分同学几乎每天都"榜上有名"。这种大面积欠交作业的情况，在其他科目同样存在。物理老师向我诉苦道："作业总是交不齐。你看，今天交上来的作业就这么点。开学那段时间还好，现在越来越严重，这样下去还怎么提高成绩？真是让人头疼。"语文老师也说："我布置下去的散文写作也没几个同学交。平时不练练笔，在考场上怎么能发挥得好呢？真是让人苦恼。"

针对这一现象，我找了几个平时经常欠交作业的同学谈心，了解情况。"老师，作业太多了，一个晚上做不完。我每次都是先写理科的作业，特别是数学，非常耗时，到最后就没时间写英语了。""老师，我的英语很差，对英语也不感兴趣。每次做英语我就昏昏欲睡，但是做理科题目我就精神振奋，我偏科比较严重。我也很想提高英语，但是怎么样才能改变这种现状呢？""老师，不是我不想写物理作业，而是那些题目对我来说太难了。很多同学都是抄别人的，但我不想这样，我宁愿欠交，也要做个诚实的孩子。""老师，我想按照自己的学习方法和节奏来提高英语。目前我的水平还无法完成您布置的作业，我的基础落下太多了。我现在每天的计划是背初中单词，然后做一些简单的语法题目。""老师，这作业太简单了，没意思，我不想做。做的话太浪费时间了，我还要复习其他功课呢。""老师，其他同学都不交，所以我也不想交。"虽然同学们欠交作业总是有各种各样的理由，但如果任由这种大面积经常欠交的情况发展，将不利于班级的学风建设。作为班主任，我该怎么做呢？

【问题分析】

学生为什么会经常欠交作业呢？从上述案例可见，原因是多方面的。作业布置的数量和质量、作业的监督和反馈、学生的时间分配意识、学生的学习主动性自律性、科代表的作用等，都是比较重要的影响因素。下面从教师和学生的角度进行分析。

（一）教师因素

教师是作业的布置者，教师作业布置的数量和质量都会影响学生的作业完成度以及学习的效果。从数量上看，部分教师每天一次性盲目布置大量作业，意图让学生迅速掌握相关知识点，导致学生需要花费大量的时间在该科目上才能完成作业，而其他科目作业只能被搁置。过量的作业实际上不利于学生对当天知识点的吸收和内化，甚至会让学生对该科产生排斥、厌恶情绪，最终完全放弃该科作业，造成欠交作业的现象。从质量上看，难易程度适中、能够检测当天所学知识点、复习以往所学内容的作业会提高学生的学习兴趣，增强他们的自信心。案例中部分老师布置作业难度过大，忽视了学生的接受程度，会让学生对该科作业敬而远之，信心也会遭到打击。反过来，作业的难度过低也会导致学生对该科作业的轻视，从而导致作业欠交的情况发生。

另外，教师也是作业的批改者，教师的作业监督和反馈机制也会影响学生的作业上交情况。如果教师在发现部分学生一次或连续几次欠交作业之后，没有相应的督促或惩罚机制，学生就会放任自我，继续发生欠交的行为。此外，大部分认真完成了作业的学生都希望得到老师的肯定，当作业下发时会满怀期待地翻看老师的批注。如果教师在学生作业收上来之后没有相应的批改和反馈，那么学生上交作业的积极性就会下降，导致欠交情况的发生。

（二）学生因素

学生欠交作业，很大程度上是因为没能完成作业。无法按时完成作业，原因是多方面的。另外，班级的收发作业机制、科代表的工作态度和组织能力等也会影响作业的上交情况。

首先，部分学生时间管理能力较差，各科作业时间分配不均衡不合理，导致一些科目花费大量的时间，而另一些科目作业无法完成。部分学生在安排各科目作业时间时没有养成良好的学习习惯，只从自身的兴趣和擅长点出发，感兴趣和擅长的科目先做，不感兴趣、不擅长的弱势科目则避而远之，导致偏科问题越来越严重，这一点在案例中亦有所呈现，在日常教学中教师也会经常遇到这样的学生。部分学生在校内身兼多职，过多参与课外活动，难以做到兼顾，这对其完成作业的时间也会造成不利影响。

其次，学生的主观能动性、学习意愿和学习动力不足。作业是否按时完成，体现了一个学生的自律性和纪律意识，也折射出一个学生的意志力和毅力。作为处于青春期的高中生，面对现实生活和网络世界的各种诱惑，面对同龄人群中丰富、细腻又敏感的情感世界，面对校园里丰富多彩的课外活动，很容易忽视学习的重要性，"三天打鱼，两天晒网"，一步一步地自我放纵从而无法自拔。所有的学生都希望自己取得好成绩，但成功只属于坚持不懈的人。案例中，持有"其他同学都不交，所以我也不想交"的想法属于懒惰和从众思维，是不科学、不理智的。学生不交作业而不用承担相应后果，也反映了班级日益散漫的学习风气，需要班主任加以整顿，加强思想引领。案例中，学生认为作业太难就选择放弃，而不是想办法求助同学或老师，这样的思维也反映了学生自主学习和解决问题能力的薄弱，需要学习方法方面的指导。

最后，班级的收发作业机制混乱、没有得到有效的组织，科代表工作懈怠不积极、组织能力欠缺等，也会造成作业欠交的情况恶化。在班级的管理中，科代表发挥着非常重要的作用。各科目教师如果在教学中能有效发挥好科代表的积极作用，不仅能够大大减轻自己的工作量，而且能够培养出色的学科优秀人才，起到带领全班、促进全班学生学科素质全面提高的作用。班主任及科任教师应重视科代表的选拔、培养，明确相关职责，鼓励科代表积极、大胆、主动地协助老师完成教学中的多方面任务，为其提供施展才能的机会，提高其综合素质和综合能力。

【对策措施】

（一）加强班科联系

班主任可以与科任老师定期进行交流，了解班里各科的总体学习情况。以上的分析已经提到，教师布置作业的数量和质量，以及对作业的监督和反馈，都会影响学生的作业完成情况，进而影响作业上交情况。为了解决作业欠交的问题，班主任可召开班科交流会，围绕作业布置的科学性主题与各位科任老师一同探讨，集思广益，总结反思，分析问题，找出对策。班主任的重视、科任老师的配合，一定会让问题得到解决。

（二）作业监督机制

没有老师的监督，有些同学完成作业的自觉性和自主性是无法保证的。因此，教师对学生的作业上交情况应当做到一日一查，每日跟踪，让科代表在作业登记册上做详细的记录。欠交的情形又分为完全不交和晚交。对完全不交的同学，班主任可以找其单独谈话，了解具体情况，分析原因，再进行思想教育和引导，提出改进措施，如制订学习计划等。对于晚交的同学，可以给予解释和补交的机会，并及时作出跟踪反馈。对每天按时完成并准时上交各科作业、作业质量好的同学，可以制定相应的表扬奖励机制，激励学生奋发向上，勤学好学。此外，家长是一个很好的外力资源，班主任在班级管理中可以适当利用微信、电话、短信等便捷优势，定期向家长反映孩子在校的表现，形成家校合力，共同促进孩子的健康成长。只有家长和教师共同合作，齐心协力，德育教育才能达到事半功倍的效果。

（三）互帮互助计划

部分同学无法完成作业是因为作业太难，无法独自完成，需要同伴之间的互帮互助。对此，可在班里实施互帮互助计划。根据学生各科成绩，按照成绩的优劣进行两两配对，组成该科的抱团学习伙伴。该科成绩较落后的同学可以向成绩好的同学请教，成绩好的同学也要监督其伙伴完成作业。成绩好的同学在帮助他人的同时也进一步巩固了自己的知识，共同学习、共同进步，实现双赢。两个学习伙伴每天上交完作业后到科代表处进行打卡登记。在每一次考试后可以根据该科成绩的进退步来查看该组合的互助效果，适当调整学习伙伴。对于作业从未欠交、成绩进步较大的伙伴组合可进行表彰，采用适当的激励机制带动同学们的学习。

（四）召开主题班会

为了进行学习动员，鼓励同学们坚持每天按时完成作业，班主任可召开相关主题班会，给同学们带来思想上的洗礼，在班级里开展一场整顿学习风气的运动。德育是一个长期的反复的过程，针对作业欠交这一现象，围绕"我的作业我做主"这一大主题，班会课的细分主题可以是时间管理、学习方法分享、习惯养成、目标教育和励志教育等，形成一个系列，增强学生的学习动力，鞭策他们不断努力。根据美国社会心理学家费斯廷格的认知失调理论，人们在一般情况下的态度和行为是一致的，在态度与行为产生不一致的时候，常常会引起个体的心理紧张，导致认知失调。例如，一个学生有这样两种认知——"当学生不应该欠交作业"和"我欠交作业了"，那么他就会体验到认知失调，产生心理上的压力与痛苦体验。借助主题班会可以潜移默化地改变学生的认知，让学生认识到培养好的学习习惯、按时完成并上交作业的重要性，强化纪律意识，号召全班同学找到自身不足并努力改正，从而实现认知引领、以面带点，推动学生问题行为的改变。

（五）建设班级文化

良好的班级学习氛围离不开良好的班级文化。班级文化是一个班级的灵魂，是一个班级独有的内涵，代表着班级的形象，体现着班级的生命，会对班集体产生潜移默化的深远影响。它是班级全体师生共同创造的财富，是全体师生共同劳动的结晶。班级文化可分为显性文化和隐形文化。显性文化是看得见、摸得着的环境文化，也就是物质文化。为了营造良好的学习氛围，鼓励同学们积极向上，班主任可带领学生积极建设班级的显性文化，如教室墙壁上的名言警句、励志标语、英雄人物或世界名人的画像，桌椅的摆放，班级各类作品的展示，悬挂在教室墙上的班训、班风等醒目图案和标语，等等。隐性文化包括制度文化、观念文化和行为文化等。制度文化包括各种班级规约；观念文化则是关于班级、学生、社会、人生、世界、价值的种种观念，这些观念弥漫在班级的各个角落，潜移默化地影响着学生；因制度和观念等引发出来，从学生身上表现出来的言谈举止和精神面貌，则是行为文化。在班规的制定上，班主任应多观察、多琢磨、多反思、多总结，定期召开班干部会议，定期开展个别谈心，了解学生的心理动态及班级情况，根据实际情况不断改进，形成适合本班的制度文化，从而营造良好的隐形文化。

（六）开展个别谈心

经常欠交作业属于学生问题行为的一种，面对这类学生，转化他们应该从哪里开始呢？教育心理学专家迟毓凯在《学生管理的心理学智慧》一书中提出了教师影响学生的七大武器之一："承诺"。他在书中提到，"要想让他做到，先让他说到。大转变往往是从小要求开始的"，并提出了"要求—承诺"策略。对经常欠交作业的学生，教师也可以运用这一策略，找学生谈话，对学生提出较小的合理要求，让其作出承诺（承诺可从私下过渡到公开），并答应履行承诺后有奖励，从而逐步以小要求促进行为的大改变。应该首先培养学生自尊心，然后再作要求。因为根据认知失调理论，一个自尊心强的人如果在承诺后无法信守承诺，会感觉到内心的苦闷；而一个自尊心不强的人在违背诺言之后是无所谓的态度，不会在内心引起不适。因此在个别谈心中，教师可根据具体情况适当赞美和认可学生，帮他找回自尊心，提高其自我认知，再通过"要求—承诺"策略使其作出改变。

附：主题班会课例

<h1 style="text-align:center">我的作业我做主</h1>

一、活动目标

（一）帮助学生了解作业的意义，意识到按时完成和上交作业的重要性。

（二）帮助学生找到适合自己的学习方法，并做追踪管理。

二、活动准备：

（一）提前收集各科优秀和不合格作业，并拍照保存图片；

（二）提前观察同学们的学习习惯，并拍照；

（三）提前采访年级成绩优异的同学，录制视频；

（四）提前让学习委员和各科科代表准备好发言稿；

（五）提前打印《完成作业承诺书》；

（六）提前准备好班会课课件。

二、活动过程

（一）图片导入，展示作业

出示课件，展示各种各样的作业图片：

1.优秀作业展示：出示几张优秀作业图片，并展示学生姓名。

2.不合格作业展示：出示几张不合格作业图片，隐去学生姓名。

教师提问：大家看看，哪些是优秀的作业？哪些是不太优秀的作业？优秀作业都有什么样的特点？不合格的作业呢？

学生回答：前几张是好的，后面几张不太好。优秀的作业是认真完成的，书写工整，字迹清晰，有详细的过程，有的还自己用红笔在上面修改订正，体现了良好的学习态度。不合格的作业则非常马虎，书写很难看，字迹潦草，过程随意，没有订正。总之，优秀作业看起来非常舒服，不合格的作业看起来很难受！

教师小结：是的。那么反思一下，你平时的作业属于哪一种呢？如果你是老师，你愿意看到收上来的作业是怎么样的呢？其实，比起这些作业马虎的现象，欠交作业的问题性质更为严重。近期，班里欠交作业的问题越发严重了。带着思考，让我们一起走进今天的班会主题："我的作业我做主"。

（二）你会学习吗？

（出示课件，呈现故事）

俞敏洪第一次参加高考时英语仅考了30分，第二次高考的英语科目考试时，尽管只考了55分，但25分的进步还是让他开心不已。后来，俞敏洪有了学习"秘笈"，每天在笔记本上抄写下两三句难度较大的英语句子，将中文写在页面左边，而英文翻译写在右边，反复记忆，最后练习至看到中文句子，就能脱口而出英文翻译。到高考前夕，俞敏洪已熟练掌握500多句英语句子，并对这些句子的句型、语法结构、单词了然于心。最终俞敏洪在第三次高考中英语取得了98分的高分，进入了北京大学。

教师提问：你认为俞敏洪会学习吗？他的成功告诉了我们什么？

学生回答：他掌握了学习的"秘笈"，并且能够每天坚持。高考考了三次，屡败屡战，真是精神可嘉啊！这说明他有明确的学习目标，因此也有强大的动力。他的成功离不开每天的积累和进步，离不开他养成的良好的学习习惯。

教师小结：是啊，成功有时候也并非想象中的那么困难，每天都养成一个好习惯并坚持下去，也许成功就指日可待了。每天养成一个好习惯很容易，难就难在要坚持下去。这是信念和毅力的结合，所以成功的人那么少，也就不足为奇了。很多同学完成不了作业或者作业完成质量较差，一个原因是学习态度上有问题，另一个原因就是学习方法有问题，即没有养成良好的学习习惯。下面我们来看看大家平时都有怎样的学习习惯和方法。

（出示课件，呈现图片。）

教师展示一些反映班级里平时同学们学习习惯的照片。

图片1：物理课上，老师讲课激情满满，但小苏同学趴下睡觉。

图片2：晚自习时，黑板上写满了各科作业，而小林同学在偷偷看漫画书。

图片3：电子班牌考勤记录显示，小李同学已经连续三天早读迟到了，每次迟到都超过5分钟。

图片4：自习课上，同学们安静学习，而小冯和小谭同学交头接耳，相聊甚欢。

图片5：晚自习时，小黄同学戴着耳机边听歌边做作业。

图片6：各科作业登记本上，上述好几个同学的名字"榜上有名"。

图片7：男生宿舍区晚上23：30，小易同学还在挑灯夜战赶作业。

图片8：办公室里，小何同学在问数学老师问题，作业本上写满了笔记。

图片9：课桌上，小刘同学的小本子上写满了当天作业的待完成列表，已完成的科目旁边打了钩，并标上了完成该科作业所花的时间。

…………

教师提问：这些图片中，哪些反映了良好的学习习惯？哪些是应该摈弃的不良习惯？反思一下，你平时的学习习惯是怎么样的呢？你的学习方法和习惯会影响你作业的完成吗？

学生回答：当然会。这些图片中，上课睡觉、晚自习看课外书、迟到、自习课讲话、写作业不专心、欠交作业、晚上熬夜等，都是不好的习惯。多问老师问题、做作业制订计划、合理安排时间等是良好的学习习惯，应该向这些同学学习。

教师小结：是的。今日的你，是你过去习惯的结果；今日的习惯，将是你明日的命运。看看这些反映不良习惯不良方法的图片，我们就明白为什么有些同学的作业总是完成不了、交不上来、潦草马虎了。那么优秀的人都有哪些学习秘诀呢？让我们一起来看看年级学习标兵的分享。

（三）方法分享，互助共赢

（出示课件，播放视频。）

教师提前采访年级成绩一直名列前茅的周同学，由其分享学习方法，并录制成视频，在班会课上播放。

周同学说："学习的方法多种多样，每个人都有适合自己的一套方法。除了课前预习、认真听课、课后做好复习以外，我认为要搞好学习、提升成绩，很重要的一个环节是认真对待作业，正好我们这一节班会的主题是'我的作业我做主'。我不是天才，也不是学神，只是比较勤奋罢了。我是一个喜欢跟着老师节奏走的人，不喜欢超前，也不擅长自己安排学习。因此，老师每天布置的作业我都会坚持认真完成，这让我很有成就感。老师是教学上的专业人士，他们如何布置作业、布置多少、布置哪些等自然有他们的道理，我们作为学生应该信任老师，自觉按时完成每日的任务，对自己的学习负责。对待作业，我认为首先要做好完成作业的准备工作，把预习、上课、课后复习衔接起来；其次要审好作业题、善于分析和分解题目；第三要厘清解题的思路，准确表达，独立完成作业，必要时才去请教别人；第四要学会检查，掌握对各学科作业进行自我订正的方法。"

教师小结：同学们，看了视频，你有什么想法？受到了什么启发？托尔斯泰说过："知识只有当它靠积极思维得来的时候，才是真正的知识。"无论学哪一门功课，课堂上老师讲的，笔记本上记的，课外阅读的等，都是书本上的知识，要把它们转化为自己的知识，使自己能够自如地运用，就必须通过作业实践来转化，通过练习来巩固和强化。针对本班最近存在的作业欠交严重的问题，我们确实应该停下来好好思考问题出在哪里，以及如何去解决。下面我们看看学习委员和各科科代表有什么想法，共商对策。

（教师邀请各科科代表和学习委员依次上台发言。）

各高考科目的科代表依次上台发言，讲述自己在工作中遇到的困难、班级里该科目学习存在的主要问题、需要同学们配合的地方、科任老师对同学们的期望，并提出改进问题的相关建议和措施。学习委员在一旁做记录，并作总结发言。最后进入讨论时间，同学们以小组为单位自由发表见解，一起为班级出谋划策，讨论结果最后以书面的形式上交给班主任。

教师小结：非常感谢科代表的发言和学习委员的总结，也感谢同学们积极参与讨论。班集体是我们的家，只有每个人融入集体、关心集体、做出贡献，才能把它建设好。在平时的学习中大家不妨多摸索一些高效的学习方法。下面我来介绍几种较好的学习方法供大家参考，希望对大家有帮助。

（出示课件，呈现方法。）

教师介绍学习方法：

1."六先六后"学习法

心理学家根据多年来对一批成绩优异学生的研究，总结出"六先六后"的学习方法：先计划后学习；先预习后听讲；先复习后做作业；先打好基础后灵活思维；先独立思考后请教别人；先调整心态后参加考试。

2.复习"五部曲"

（1）地毯式扫荡。先把该复习的基础知识全面过一遍，追求的是尽可能全面不要有遗漏。

（2）融会贯通。找到知识之间的联系，把一章章、一节节的知识之间的联系找到。

（3）知识的运用。做题，做各种各样的题。力求通过多种形式的解题去练习运用知识。

（4）捡"渣子"。即查漏补缺。通过反复复习，寻找差错，弥补遗漏。

（5）"翻烙饼"。复习犹如"烙饼"，需要翻几个个儿才能熟透，否则就要夹生。记忆也需要强化，不反复强化也难以记牢。因此，复习总得需要两三遍才能完成。

（四）提升认知，作出承诺

古人云："吾日三省吾身。"苏格拉底说："未经审视的生活是不值得度过的。"作为学生，希望大家可以做到"清晨六问"和"静夜六思"，每天审视自己，自我反思，做一个更好的人。其中"清晨六问"是指早上起来问自己六个问题：

1. 我今天的目标是什么？

2. 我的核心大目标是什么？

3. 我今天最重要的三件事是什么？

4. 我今天准备学到哪些新东西？

5. 我今天准备在哪些方面进步一点点？

6. 我今天如何更快乐些？

"静夜六思"是指晚上睡觉前独立思考六个问题：

1. 我今天是否完成了小目标？

2. 我今天是否更接近了大目标？

3. 我今天又学到了什么？

4. 我今天在哪些方面进步一点点？

5. 我如何才能做得更好？

6. 我明天的目标是什么？

下面，我们来进行一场宣誓仪式，全班同学签署《完成作业承诺书》。

完成作业承诺书

努力学习是学生的责任，对此，我郑重做出以下承诺：从今天开始，我将珍惜时间，把握当下，好好学习。

1. 按照老师的要求，按时、按质、按量地完成作业，准时上交，绝不敷衍应付，绝不偷工减料，绝不抄袭作业。

2. 如有特殊情况无法按时完成作业，主动向老师说明情况，并及时补交。

3. 有错必改，作业中出现的错误，及时订正。请班主任、各科老师、科代表、同学们、家长严格监督，如有违反，甘愿接受批评与惩罚。

承诺人：_____

直接监督人：_____

时间：_____

本人高考目标：_____。

本人座右铭：_____。

---

1. 教师给每个学生发放一张《完成作业承诺书》的卡片。

2. 班长上讲台领誓，全体学生起立宣誓。

3. 全体学生签署承诺书，并指定一名同学作为直接监督人签名。

4. 所有同学在承诺书最后写上本人高考目标和一句励志的座右铭，以示决心。

5. 班主任收齐所有同学的承诺书，课后在班级墙壁上开辟一个空白栏目，贴上所有同学的承诺书。

教师总结：通过这次班会，我们都认识到，完成作业是学习过程中重要的一环，可以使学生巩固、内化学得的知识技能。按时完成和上交作业是良好学习习惯的表现，也是一个学生应尽的责任。著名教育家叶圣陶先生说："什么是教育，简单一句话，就是要养成良好的习惯。"习惯形成性格，性格决定命运，学习成绩的提高离不开平时的自律与坚持。希望同学们可以严于律己，谨记诺言，不忘初心，牢记使命，持之以恒。要相信，高考胜利的曙光就在前方！

参考文献：

[1] 利昂·费斯汀格. 认知失调理论［M］. 郑全全，译. 杭州：浙江教育出版社，1999.

[2] 迟毓凯. 学生管理的心理学智慧（第二版）［M］. 上海：华东师范大学出版社，2016.

班级管理案例的多维解析

中篇

高中班级文化建设

广东实验中学南海学校　徐　旭

【现象扫描】

近年来，社会上一些消极、不良文化侵蚀着校园，对中学生的思想、意识、道德、文化产生着负面的影响，不少中学生理想信念缺失、日常行为规范与立德树人要求存在较大偏差，造成一些学校师生关系紧张时有发生，甚至出现个别学生"轻生"的事件。这些不良现象严重影响了中学生的健康成长发展，而班级作为学生心灵的港湾，迫切需要建设一种健康、和谐、积极、向上的班级文化，来引领学生思想和品德健康发展，对学生的不良行为起到纠偏作用。同时，积极向上的班级文化也是构建和谐师生关系、提升德育教育水平的重要因素。

【案例情景】

案例一：2018年11月东莞某学校外，高二年级刘同学等三人与高一年级王同学发生了肢体冲突，王同学身上多处受伤。经学校调查，刘同学制止王同学打饭时插队，两人发生争执。事后刘同学和本班三个同学决定给王同学一点教训，于是就发生了这起校园暴力事件。

案例二：某校园宿舍区，早晨生活老师叫本班学生起床，3号床的赵同学对老师说："烦死了！"老师说道："你怎么学的一点礼貌都没有？"当老师走出宿舍，该同学又说："门都不关，老师真没素质。"由此可见师生关系的紧张。

案例三：高一年级班主任严××说："学生见到我特别害怕，绝不敢在校内做违纪的事情，一个个跟老鼠见猫一样"。某一天该班主任外出去教育局参加教研会，班级混乱不堪，甚至影响到其他班级上课，可见班级管理的权威化有其局限性，并没有在本质上提高班级管理质量和行为持续的效果。

案例四：某校高二（1）班在班干部的选拔中，过分强调学习成绩的影响，而且班干部的选拔不民主，以班主任任命为主，造成班干部整体群众基础不好、管理能力不强、缺乏集体主义精神，无法发挥模范带头作用。在协助班主任管理班级工作时，班干部难以发挥出应有的作用。

案例五：2019年12月20日，最高检联合公安部召开新闻发布会，通报检察机关、公安机关依法严惩侵害未成年人犯罪工作情况。2018年1月至2019年10月，全国检察机关共起诉校园暴力犯罪案件6962人。检察机关始终坚持双向保护原则，保持司法震慑。

【问题分析】

通过上述五个案例，我们不难看出，产生这些问题的根源主要在如下三个方面：

一是学生纪律法规意识淡薄。校园欺凌、暴力事件，充分说明部分中学生的法律意识观念非常淡薄，一些学校或班级"以分数论英雄"的应试教育思想不能适应立德树人教育的根本要求，需要加强学生的法律意识和校规校纪的制度教育。

二是存在学校对学生的德育教育停在空中，没有扎根实处的现象。案例中的一些学生文明素养差、自我管理能力差，一方面说明学校或班主任的德育教育效果不佳，另一方面也说明学生缺乏积极健康的精神、基本的道德素养，更没有远大的理想信念，因此加强班级精神文化建设才能更好发挥德育教育作用。

三是班级管理的制度化需要科学理念。一些班主任在班级管理制度的形成中，不能很好地发挥班级制度在管理中的作用，缺少制度化的科学管理理念，盲目运用一些方法，造成班级管理效率低，因此需要加强班级制度的科学建设。

【对策措施】

针对目前一些学校或班级出现的相关问题，应全面加强班级的文化建设，运用先进、健康、积极的班级文化建设来引领学生的思想，才能让学生树立远大理想，培养健康积极的精神状态，有效地规范学生的日常行为，从而培育出高素养的学生。为此，应从环境、制度、行为、精神四个方面建设班级文化。

一是加强班级环境文化建设。干净整洁、优美和谐的物质环境，可以为学生提供良好的学习环境，加强班级物质环境文化建设，能够对全班学生的思想、道德、行为等产生潜移默化的影响，把班级文化内涵融于物质环境是班级德育教育的重要形式。

二是加强班级制度文化建设。完善的班规班纪制度，能够影响全班学生的思想品德与人格向健康积极的方向发展，如果制度的建立来源于学生，则更能让学生养成自觉守纪的良好习惯，对提高班级管理效率和效果有重要作用，也能使班级管理更加科学化、正规化。

三是加强班级行为文化建设。好的班级文化有着很强的约束性和感召力，能够激发学生自觉维护和完善班级风气。针对树立班风、强化学风的班级文化建设，有助于培养学生健康、文明、规范的日常行为，有利于构建和谐的师生关系和同伴关系。

四是加强班级精神文化建设。精神文化建设是班级文化建设的核心与灵魂，加强班级精神文化建设，能让全班学生形成高层次的理想追求，能使学生树立正确的三观，能增强班级的集体荣誉感和班级凝聚力，能培养学生健康的精神风貌，对发挥"以文化人"有重要作用，促进学生五育并举，全面发展。

附：主题班会课例

班级干部选拔班会课

一、实施背景

（一）实施缘由

班级干部是班主任管理班级的得力助手，并且在教师和学生之间起着上传下达的沟通作用，在班级日常运转中具有重大意义，是班级活动的主要组织者。班级干部的能力素质强弱、威信高低等会对一个班级的班风、文化建设有着重要影响。因此，如何选拔有号召力和管理能力、组织与协调能力强、擅长沟通的学生担任班级干部，就成为班级文化建设的重要任务。笔者组织本班全体学生召开了一次关于如何选拔班级干部的班会课。

（二）实施目标

通过这次师生共同参与的班级干部选拔条件、方式研讨会，了解班级中有向心力、凝聚力、管理协调能力强的学生，探讨班级管理干部选拔的条件、方式，促进班级管理与文化建设水平提升。

（三）实施重点

1. 班级干部应具备的能力、素质及条件。

2. 选拔的方式方法。

二、实施过程

（一）布置班会内容

师：同学们，我们今天开个班会，主要议题是和同学们探讨一下关于班干部的选拔问题。主要内容有两项：一是班级干部应具备的能力、素质和条件；二是选拔的方式方法。

生：好！

（二）班会实施过程

1. 班级干部应具备的能力素质和条件

（片段1）

师：一个班级有一个好的干部队伍，与同学们的学习与生活都有着密切的关系，具备什么样的能力素质和条件才能担任班干部呢？请同学们谈一下你心目中的班干部。

生1：班干部要有担当，要对全班的事情勇于负责任，对班级里的不文明行为要敢于批评，如果不敢负责任就不具备班干部的条件。

生2：要能和大家搞好团结，不能搞拉帮结派的事情，要有为每个同学服务的思想，不能嫌弃后进生，要多帮扶后进学生。

生3：要有较强的管理能力和组织协调能力，能够制定班级各项活动的计划，要善于和人交往，语言表达能力要强，自己各方面要做得好。

生4：班干部的学习成绩要好，要能在学习方面给大家起带头作用，是大家学习的榜样。选学习好的同学当班干部，也能激励学习成绩一般但想对班级有所作为的学生更认真对待学习，努力提升学习成绩和自身能力。

师：同学们刚才说的很全面，也非常好。根据同学们说的条件，我总结一下。一是思想方面的条件：要有责任感，勇于担当，有为班级服务的意识，团结同学，帮助后进同学，不搞拉帮结派活动；二是能力方面的条件：有一定的号召力和管理能力、组织与协调能力强、擅长沟通，在同学中的威信高，严于律己，做得到公道正派；三是学习方面的条件：学习成绩要好，热心帮助学习困难的学生，是大家学习的榜样。同学们，老师总结的这几条是不是你们心中认为的班干部应具备的条件呢？

生：是的。

2. 选拔的原则与程序

（片段2）

师：刚才大家探讨了班干部应具备的条件，那么大家认为如何才能选拔出好的班干部，也就是要大家探讨一下班干部选拔的方式方法，请同学们畅所欲言。

生1：需要班主任全面了解班里的每个学生，了解每个人的优点和缺点，掌握每个人的学习能力、管理能力、组织与协调能力、在学生中的威信等方面的情况后，结合班级情况提出各个岗位的几名候选人。

生2：选举班干部前老师应该对全班进行一次教育，宣布一下选举纪律，说一下选举的规定，必须要同学们做到公平、公正选举，不能靠拉关系进行选举，要让每个人正确行使手中的选举权。

生3：要让每个竞选者准备个"竞选演讲"，先谈一下自己的优点、特长和不足，并对自己所选的岗位加以设想。

生4：要进行不记名民主投票选举，票数统计在大家监督下公开统计，得票多的同学即可当选。

生5：班干部应该有试用期，试用期内表现良好的转为正式班干部。选举也可以实行常任制和轮流制，如可实行班长、团支书常任，其他委员定期轮换，或者部分轮换，哪个班干部的表现好，再改为常任班干部。

师：大家谈的选举方法很全面也很正规，这里就按照大家的意见来组织选举。

（三）班级干部选拔实施建议

1. 班主任要明确新的班级文化建设理念

要建立良好的班级文化，需要教师转变角色，树立学生在班级管理中的主体地位，教师要做班级文化建设的促进者、引导者，要把提高学生自我管理能力作为管理重点。

2. 规范班级干部选拔标准与条件

一是选拔具有良好思想政治素质的学生。具有良好思想品德，遵纪守法，热爱班集体、热爱同学，能为班集体利益着想，要有强烈的责任心，敢于负责，有服务意识，团结同学，帮助后进同学，不搞拉帮结派的现象。

二是选拔具有较强工作能力的学生。班干部要选拔具有较强管理能力、组织与协调能力强、擅长沟通，在学生中威信高，公道正派，还要有较好的承受挫折的心理素质。

三是选拔学习能力、学习成绩好，能帮助学困生的学生。

3. 建立和完善班级干部选拔方式

一是要完善班级干部选拔标准和方式。选举之前需要教师进行深入的调查了解，掌握每个学生的优点和特长，制定详细的选拔标准，明确选举岗位设置，制定选举具体方式和步骤，这样选举的班干部能让学生信服。

二是要根据班级具体情况灵活运用多种选举方法，"不以成绩论英雄"，也不能单纯以学习成绩高低来决定班干部人选。

三是要始终坚持民主性、平等性、竞争性选举原则，才能保证所选干部在班级同学中的威信。

（四）班干部的后期培养

学生的能力会在一系列的班级学习生活中得到锻炼，但是我们也要清楚学生们需要指导和指引的现状，班主任应注重平时的班干部培养，注重给出指令的清晰。

（五）案例追踪

　　笔者所在班级经过全班民主、公开选举班级干部后，真正选举出了学生心目中理想的班级干部。每个班干部都能够大胆管理，较好地发挥了模范带头作用，成为了班主任管理班级的得力助手，促进了班级文化建设的发展，也较好地发挥了班级制度文化的育人作用。

网络教学班级管理

广东实验中学南海学校　舒思成

随着社会的不断进步和互联网的广泛运用，人们的工作和生活方式正发生着翻天覆地的变化，学校和班级管理也是如此。互联网加速了教育的改革，能够让学生以更加高效、开放和民主的方式参与其中。近段时间，由于疫情的影响，所有中小学都不能如期开学。为了保证停课不停学，所有学校都陆续开启了网络课程，开始线上教育。想要让网络课程能够发挥最大效果，网络班级管理发挥着至关重要的作用，因此班主任需要正确运用网络环境，勇于面对机遇和挑战，创造班级管理的新思路。

一、网络环境下教学班级管理特点

教学指的是教和学相结合或相统一的活动。网络教学是利用互联网和多媒体等一系列技术进行教学。班级管理对教育教学工作有着十分重要的影响，班级管理质量的好坏将直接影响教学工作的开展。何为班级管理呢？林冬桂在《班级教育管理学》一书中指出，班级管理是班级教育管理者带领班级学生按照班级教育管理规律的要求，为实现班级工作目标而进行的一系列职能活动。相关研究人员认为，班级管理是建立和维持班级团体，实现教育目标的历程。网络环境下的班级管理与传统班级管理不同，传统班级管理中班主任可以直接面对面接触学生，而线上教育班主任不能直接接触学生，只能不断探索一些新的方式来管理班级体。网络环境下班级管理存在以下特点。

（一）开放性

网络环境下教学班级管理是一种开放式的管理，没有明显的边界性。通过网络、社交媒体和直播课程软件将学校、老师、学生和家长联系起来，大家都是管理者。

（二）趣味性

传统课堂上师生之间的交流以语言为主，网络课堂集语言与文字于一身。网络课堂学生可以通过发文字、发表情来表达自己的观点和想法，增加了课堂的趣味性。

（三）能动性

班主任在网络环境下开展班主任工作，学生可以根据自己的实际情况去理解和接受教育内容，而不是由教师强迫去接受，这更能促使学生发挥自身的主观能动性。

二、网络环境下班级管理的挑战

在信息化时代，人们时刻离不开网络，大范围的班级网络教学是一种全新的尝试，这给人们提供了极大的方便，对于学习自觉、能力强的学生，也有了更大的自主权和更多可支配的时间；但是对于部分缺乏自制力的学生，这却增加了网络班级管理的难度。同时，老师也不能像在学校教学一样，能够及时给予学生有效的课堂及课后反馈和对学生进行及时的心理辅导。总之，网络给教学管理既带来了机遇，也提出了挑战。

（一）部分学生缺乏自制力，增大了网络班级管理的难度

当今社会，几乎人人一部手机，随处都可以见"低头族"，学生对手机的依恋程度也越来越高，学生沉迷于网络游戏或社交网站的现状增大了班级管理的难度。传统班级管理不建议学生带手机来学校，如果带来了学校，周日晚返校的时候必须上交给班主任，周五放学时才把手机给他们，这样限制了学生接触手机的概率；但是在家里进行线上听课，学生每天都有大量的时间接触电子产品，如手机、电脑或平板。他们需要听课，家长无法限制他们使用手机或电脑，部分缺乏自制力的学生一拿到手机或电脑，就会忍不住聊天、看网页或玩小游戏，这样极大程度地降低了课堂效率。当然，他们也会打开直播界面，这

样老师就无法判断这部分缺乏自制力的学生是在认真听讲，还是一边听讲、一边在干其他的事情，这样不利于班级管理。

（二）不能有效进行课堂和课后反馈

网络班级教学，一名老师同时面对着多名学生讲课，但是看不到学生正在做什么，不能从学生的神情中判断学生是否听懂。网络班级教学还有一大挑战在于不能有效监管每位学生的课后作业。现阶段网络教学的课后作业只能由学生打卡或拍照上传，但是部分同学不及时上传作业甚至拖欠作业，老师在群里的催促他们当作看不见，家长有时也不在家不能进行监督，这导致他们不能及时通过练习来巩固所学的知识。老师不能从学生的作业中发现他们还有什么不明白，非常不利于课堂教学，这也是课堂管理所遇到的挑战。

（三）网络安全影响学生的身心健康

网络尽管给人们带来了很多便利，但是学生太过于沉迷于虚拟世界，会对人际交往产生较大的负面影响。有些学生在网上对网友可以敞开心扉，十分活跃；可是在现实生活中，他们却很少和父母、老师和同学沟通，影响了他们树立正确的人生观和价值观。同时，网上还有一些不良信息，学生们心智还不成熟，有时不能正确地筛选消息，影响他们的身心健康。现在，很多学生沉迷于游戏，在游戏的世界无法自拔。针对这一问题，在传统教育中，家长和老师通过和他们谈话，对他们进行心理辅导来控制手机的使用，逐渐减少学生玩游戏的次数。而网络教学中学生不可避免会接触电子产品，家长和老师也不可能每时每刻盯着他们。沉迷游戏会让学生沉迷于虚拟世界，听不进老师和家长的劝诫，不想与外界沟通交流，养成孤僻的性格，不想学习，对班级管理造成严重影响，同时也影响了他们的身心健康。因此，教师要对学生进行切实有效的网络安全知识教育。

三、网络环境下班级管理途径

（一）发挥优秀班干部的榜样作用

网络班级与传统班级相比，其教育内容和形式都更丰富多彩，管理也更加民主，因此班主任需充分调动学生的自主性，同时也要发挥班干部和优秀学生的榜样作用，在班级传播正能量，带动良好的班级学习氛围，培养学生的集体荣誉感，学生自主管理往往比教师管理的效果好很多。比如关于网络教学作业问题，可将班上学生分成若干组，4人或6人一组，每组设置一名小组长，一个小组可以单独建立一个微信群，每天定期拍照上传作业，小组长统计好交作业的人数和学生们所遇到的问题后发给每科的课代表，再由课代表将情况向老师反馈，这样可以提高反馈作业的效率，班级风貌也会变得更加积极。后面随着信息技术的发展，老师们发现小小签到群对于布置和检查作业十分有效，这就和在学校布置作业一样，学生每天拍照上传作业，还可以发文章的录音，由各科课代表统计每天欠交作业的情况。此时学生也可以分小组，先相互督促完成后，再上传作业。同时在小小签到群中，同学们提交的作业是可以相互查看的，老师选出优秀作业，可以让其他同学欣赏，帮助学生找到自己的差距。

（二）规范网络班级管理制度

网络环境的开放性给予了学生更大的自由，因此规范网络班级管理制度显得尤为重要，以避免出现破窗效应。破窗效应是关于环境对人们心理造成暗示性或诱导性影响的一种认识，如果不良现象被放任或忽视，就会有其他人效仿甚至变本加厉。所以在网络班级管理中，一定要健全和落实各项管理制度，如果班主任对于学生个别轻微的错误不在意，或者对一些学生的错误睁一只眼闭一只眼，加上网络上的言论自由，很容易造成破窗效应，有更多的学生会觉得犯错了也没什么惩罚，就会效仿。因此，我们要公平地对待每一名学生，对于学生犯的错要及时指出并纠正，需要惩罚的要给予相应的惩罚，这样才能营造良好的网络班级学习气氛，有利于班级管理。

（三）制定线上问卷调查

问卷调查是一种有效检查班级管理制度是否科学合理的方式，网络匿名调查结果可以给老师作为参考，了解学生哪方面做得不足，哪方面需要改进，为下一阶段的网络班级管理提供新的思路。同时线上问卷调查也可以让同学们匿名发表观点，一起讨论如何进行网络班级管理更有效，让学生参与进来，发挥他们的自主权，从学生的角度思考问题，充分调动他们的积极性，让他们有更多的方式表达自己的需求和意愿，感受到公平与民主，这样可能会更有利于网络班级管理。

（四）家校合作，共同努力

学生在家进行网络学习，家长需要对其进行督促和管理。学生在家学习，教师不能及时了解学生的状况，但父母最清楚孩子的各种状态和动向。班主任要积极和家长沟通交流，进一步了解学生的状况。家庭教育在孩子的成长过程中起着举足轻重的作用，很多问题学生其实与家庭教育有着千丝万缕的联系。对于问题学生，教师要与家长积极沟通，了解其原生家庭的状况，分析学生表现出各种叛逆行为的根本原因，与家长一起想办法，疏导孩子的心理问题，帮助他们改正不好的习惯或走出迷途。

四、总结

网络环境下班级管理既面临着很多挑战，同时也存在不少机遇。网络上各种教育App和打卡小程序给班主任工作带来了便利，并且能够高效落实和提升班级管理质量。班主任必须与时俱进，多接触新鲜事物，善于学习，做好网络班级的管理工作。

参考文献：

［1］李秉成.教学论［M］.北京：人民教育出版社，1991.

［2］林冬桂.班级教育管理通论［M］.广州：广东教育出版社，2008.

［3］胡大伟，李宁.成人网络教学班级管理的实践和探索［J］.中国信息教育化技术，2015（9）.

［4］高永会.建设"网络班级"强化高职学生管理［J］.林区教学，2019.

"剪刀、石头、布"的教育闭环

广东实验中学南海学校 黄映珊

【现象扫描】

在学校教育的过程中,班主任总是不可避免地要与家长联系,一方面,家长对自己孩子在学校的表现有知情权;另一方面,班主任也希望通过家校共同教育,督促规范学生行为,使其更加认真学习。特别在学生发生违纪情况时,教师更是要及时地与家长联系。而教师在处理学生违纪问题时经常会遇到一个难题:学生要求老师不要告诉家长。可一旦触动学生的利益时,他又躲到家长的身后不依不饶地对抗学校与老师。学生、教师、家长就像"剪刀、石头、布"的关系,学生被教师管,家长怕孩子委屈,而教师又怕被家长反咬一口。

【案例情景】

案例一:手机里的抖音

已经临近期末,晚修还是躁动不安,这一届的学生特别让人头疼。我悄悄地走着,巡视着楼层,走到七班窗边时,倒数第二排靠窗边就座的符小毅引起了我的注意。他桌子靠窗这一边摞了一沓书,桌子前面也有一排,整个人低着头一动不动,右手伸着放在桌面并没有拿笔。发觉我站在窗边在看他,班上其他同学马上提醒他。他发现了我,有一丝丝慌张,但很快就恢复镇定,警觉地抽出一张试卷放桌面上,假装在思考,还是维持刚才的姿态。

我隔着窗问他:"作业写完了吗?"

他很淡定地告诉我:"写完了。"一边说还一边拿试卷给我看。试卷空的很多，而且这张数学卷应该是昨天的作业。我心有疑虑，走进教室瞧了瞧他的抽屉。他很大方地给我看，我看到了一条黑色的耳机线，他说："这是坏的，你要就收走。"我不动声色地收下，接着走出教室又去巡下一个班。

巡了一圈，我又回来了。他还是保持刚才那个姿势，连我站这么近他都没察觉。估计他没想到我会这么快又回来了，于是放松了警惕。太可疑了，他的书加上手臂，完全把整个桌面给遮严实了，凭着直觉，我敢肯定那里一定有一部手机。

我开窗，伸手："交出来。"

他把手一摊："交什么？什么都没有？"还很轻蔑地用鼻孔哼着气，手故意摊开给我看。

桌面除了L型的一圈书，确实什么都没有，连笔都没有。我再一次走进教室，俯身探头看了看他桌子前面那一堆书的下面。果然，一台黑色的苹果手机赫然眼前，里面还在播着抖音小视频呢！好了，这下无可辩驳、无可耍赖。我把手机从一堆书的下面抽出来，没有批评，没有责备，我把手机拿了就离开教室了。一方面是为了不影响该同学和全班其他同学的晚修，另一方面也为了给彼此一点时间冷静反思这件事情，我打算交给班主任明天处理这件事情。

巡视完晚修，我回办公室备了一会儿课，很快晚修下课铃响了，正在我打算收拾东西回去时，刚才被收手机的同学出现了。此时他已经完全没有了刚才被发现手机前怼我的得意，耷拉着脑袋站在那里，开口第一句话就是："老师，能不能不告诉我家长？"

我顿时觉得好气又好笑，好气是因为明知道违反纪律带手机来学校会被抓、会被通知家长，却还带来？好笑是因为又是这一句——"能不能不告诉我家长？"

接下来他真的流泪了，堂堂七尺男儿，就这样一把鼻涕一把泪哭地说知道自己错了，只要不告诉家长，怎样都可以。他说家长已经对他有很深的误会，一定会严惩他的。他再也不相信他的父母，父母从来都只会否定他，有进步也会说没进步，没进步也骂，进步也骂。

我一听，又是一个亲子关系不和谐的家庭成长起来的孩子。但是，我深知，家长不会真的过分惩治孩子，可万一孩子出现更大更严重的问题，家长会与老师、学校纠缠，所以这种时候是不能对学生妥协的。我平复了一下心情，用平静的语气告诉他："今天你带手机来学校，还在晚修的时候玩了，错了没有？"

他小声地说："错了。"

既然认错，那就好办了，我心想。

我又说："做错了事情，就该受到惩罚。做错了，本来就没有讨价还价的余地。"说到这里，我停顿了一下。已经有点晚了，这时候让他回宿舍睡觉我怕他半夜想不开。于是我又说："你说的关于跟父母关系的问题，老师也暂且相信你说的。念在你是初犯，不告诉家长可以，但是根据校规校纪该怎么处分就怎么处分，你接受吗？"符小毅点点头，我接着说："但是，如果有下次，一定告诉家长，而且连同这次一起说。"

处理完这件事，已经十点半了。我揉揉太阳穴，告诉家长有那么恐怖吗？站在老师的角度，不可能不告诉家长，学生纪律问题一犯再犯，一旦有一天要留校察看、要劝退开除，学生能自己办吗？老师能帮他办吗？不能，家长是孩子的第一责任人，家长对孩子在学校的行为有知情权。但是，转念一想，当初我当学生的时候，老师如果动不动就跟我家长说我在学校的各种不良表现，我会不会害怕？会，怕！我也怕。但是我不会像这名学生一样，明知学校不让带手机还带，特别在临近期末的时候，在大家都在紧张复习的晚修上玩手机。

再说，我们老师也没有一天到晚动不动就跟家长告状、打小报告，除非重大违纪，比如今晚这件事。手机一部要好几千块钱，这钱肯定是从家长那里来的。收了这个手机怎么处理？立刻还，还是暂时不还？什么时候还？还给谁？老师保管在哪里合适？保管丢了怎么办？曾经就有老师把学生手机弄丢了，自掏腰包补给学生一个。这一系列的问题，让老师倍感头疼呀！

可告诉家长了又怎么样？老师的职责不是"教育"吗？只要能达到教育的目的，不告诉家长又何妨？好吧，今晚的事情就这么处理先吧！暂不告诉家长，明天写情况说明，给"严重警告"处分，鼓励他好好学习，把成绩提上去，争取早日撤销处分。

案例二：爸爸，叫他不要再打我

十点多接近十一点了，今晚没有晚修，我已经准备休息了。这时，我接到宿舍区老师的电话："你们年级2班的黄同学在宿舍被陈同学打了！"

这黄同学、陈同学我都是知道的，今天白天他们两个还在课堂上闹矛盾呢！我在家里没法及时赶到现场，赶紧打电话给现在2班的班主任何老师让她先去看看黄同学怎么样了，受伤严不严重。另外，我又联系了陈同学原来的班主任崔老师让他去看看陈同学。因为陈同学有心理障碍，上学期就处理过他自残的事情，家长不肯带他去看心理医生，我怕今天晚上他还会做出更过激的行为。而原来的班主任崔老师则是陈同学在学校最信任的人，所以由崔老师去看看比较合适。

何老师赶到现场时，黄同学正在校医室里，看不出明显伤痕，校医检查了一下，并无大碍。不过黄同学已经给他家长打电话了，一定要他爸爸连夜来接他回家。嘴里碎碎念："他打我了，他打我。我不敢回宿舍了，我要叫我爸把我接回去。"

黄同学被打，我们一点也不意外，并不是说他喜欢跟人打架或是总受别人欺负，相反，平时只有他欺负别人的份儿，这种欺负不是肢体上的，而是言语上。他那张"嘴"很碎，啥都要说，好的、不好的都要插上几句。上学期我说过他几回，可没有用，他依然我行我素。今天听说他在政治课上跟陈同学当堂闹矛盾时，我们还开玩笑说黄同学会不会被打？没想到晚上真的就被打了。

崔老师找到陈同学时，他已回宿舍，准备睡下了。崔老师说他情绪还比较稳定，也知道自己错了，打人主要是因为今天黄同学在课堂上侮辱他，中午回宿舍又逢人就跟人说他是单亲家庭，他气不过，所以打人。

陈同学是单亲家庭，上学期跟他妈妈接触过几次，我们有所怀疑，但从未得到家长的肯定回应，所以我们老师也只是怀疑，不好继续追问。这件事情极为隐秘，只有我跟崔老师知道，连现在的新班主任何老师都不知道，黄同学是怎么知道的？况且黄同学以前在3班，陈同学在5班，并不同班。现在两个人也不同宿舍，陈同学是怎么打人的？疑点很多，黄同学今晚又回去了，只能明天问问陈同学了。

第二天，我和该班现在的班主任何老师让陈同学把事情经过写了下来。他对打人行为承认了错误，也愿意接受任何惩罚，家长也同意学校的处理决定，并保证以后不会这么冲动。学校主任根据以往类似问题的处理经验，建议当事双方家长不见面比较好，只是让陈同学的家长主动打电话给黄同学的家长，表示慰问。等两个孩子返校，老师再让他们当面把话说开，握手言和。

可是这边，黄同学的家长一直要求要见打人的孩子。出于对学生的保护，我们不建议这么做，所以就一直婉拒，也把我们学校的处理结果告诉了家长。打人的孩子被处分，且停宿三天。可黄同学的家长一直不接受，从早上到晚上，不依不饶，就是要见打人的孩子，到最后直接喊班主任全名，说他一定要见打人的孩子，学校推三阻四在怕什么？认为学校都根本没站在他的角度，不理解他的担心。拉锯了一整天，把班主任缠得没办法。到了晚上，学校决定由我给家长打个电话，我解释了一下疫情的原因不建议家长来学校，黄同学的家长说需不需要他去隔离14天再来？我表明我们学校的态度并说明了处理结果，可是家长完全不接受，他说学校怎么处理他不关心，他只要见打人的那个学生！如果他再打我小孩怎么办？我也把学校的担心说了，没想到他更来劲："在你们眼中我就是这种人吗？你们怕我打他一顿吗？"最后僵持之下，还是约定了见面。

刚好，第二天也是约了陈同学的妈妈来学校签名谈这个事情，正好一起说开。见面还算顺利，为了防止局面失控，学生处的主任、年级主任也都去了，最后两个学生也是表面和谐了。直到现在，他们之间也没再出现吵架或打架的事情了，但是黄同学依旧嘴碎，只是不敢说陈同学而已。

可怜天下父母心。后来跟黄同学的妈妈沟通的时候，她说知道自己儿子是一个什么样的人，肯定是自己的儿子有错在先，才会被打。也知道见对方孩子一面，告诉他"你别再打我儿子"这句话有多可笑，可家长还是不得不这么做，甚至不惜把矛盾点对准学校和老师。要真的不让儿子再次被打，家长就应该告诉自己的儿子要学会尊重人，不能随便说话，而不是告诉对方"你别再打我儿子"。

【问题分析】

从以上两个案例，我们可以看到，学生的问题从来就不只是学生的问题，教育学生，不可避免地会联系家长。

（一）学生、教师、家长——石头、剪刀、布

第一个案例，学生就像石头，教师就像剪刀，家长就像布。学生这块石头精准击中教师的剪刀，取得老师同情，而家长的布能包住石头，任石头怎么蹦跶都翻不出天。而老师这把剪刀在家长那里还是有一定话语权的，学生才要求不把在学校犯错的事情告诉家长。我粗略统计了一下，在违反校纪校规的学生中有三分之二的学生会这么要求。学生这么要求的原因多种多样，我总结了一下，不希望告诉家长主要有以下几种原因。

1. 羞于启齿，惧怕家长

羞耻，是一种重要的道德情感，也是人类的高级情感。犯了错误，感觉到羞耻，不敢告诉家长，也不想让其他人知道。而惧怕家长，则说明家长在学生心目中比较权威，通常这类家庭下成长起来的孩子也会比较遵守规则，有分寸感，犯错也只是偶尔。知道羞耻，知道惧怕，这是好事，如果给其机会，还是有很大机会改正的。通常对这类学生，教师都是会给机会的。

2. 亲子关系糟糕，互不信任

而上面玩手机学生的案例，则属于亲子关系糟糕型的。他在沟通时反复强调家长不信任他，对他误会很深，就因为他小学撒过一个谎，之后家长就再也不信任他了，而这种不信任折射出他对家长也不信任。学习成绩不管进步不进步家长都是只有批评，到最后他自己也破罐子破摔，既然都是被骂，干嘛还要认真学习？或许家长没冤枉他，他确实让父母失望很多次，或许我给他的这次的机会也只是错，后续他可能犯同样的错误，还是会带手机。但是，我还是觉得应该再给他一次机会，再信任他一次，让他看到还是有人愿意相信他的。毕竟，教育是要给人机会，让人看到希望。

3. 博取同情，蒙混过关

这一类则属于比较可恶的一种。一方面他会伪装得就像第一种一样，说自己一定会改，但又没有什么实质性的行动，另一方面又给老师营造出一种家长会狠狠惩罚他的错觉。但是通常我们都知道，家长不会真的过分惩罚学生，但是真的会与老师、学校针锋相对，这种时候我们一般不会答应他的请求。

（二）学生、教师、家长——剪刀、石头、布

第二个案例，则与第一个案例不一样。学生像剪刀，指挥家长，而家长则

像布包住教师的石头，让教师、学校不得进退。教师跟学生讲学校的规定，讲学校的处理原则，学生不合意又对抗不了老师，转头跟家长一讲，家长到再跟学校、教师一闹，什么规定、原则统统靠边站，就得按照家长或者学生的想法来。跟家长打交道，一般的建议有以下几点。

1. 刚柔并济，不卑不亢

家长刚时，我们要避其锋芒，不可起正面冲突。但该我们表的态我们还是要表，该我们说的话还是要说。比如，我就明确告诉黄同学家长，要想你家孩不再被打，应该做的是教育孩子管住自己的嘴，学会尊重他人。教师与家长沟通切记要不卑不亢，不要因为家长的财富或社会地位而有所畏怯。

2. 收集材料，保护自己

家长与学校老师起冲突，通常会推脱老师没有事先告知，或者捏造事实，所以班主任与家长的每一次沟通都要注意保留证据。学生在学校发生的任何违纪事件，都要及时地让学生写好情况说明，一方面是让学生冷静反思，另一方面是让教师了解事情发生的经过，最为关键的是必要时可拿给家长看。

3. 寻求帮助，虚心学习

对于特别难缠的家长，年轻班主任跟家长的沟通时难免底气不足，或者沟通处理不到位。如果自己实在无法妥善处理，可以寻求有经验的班主任或者德育主任帮助。但更重要的是在平时的学习，虚心多观察、多向其他班主任学习，看他们是怎么跟家长沟通的。

【对策措施】

从学校的角度出发，这类事情的对策措施主要可从两方面入手，一方面是从学生层面增强学生的校规校纪意识，另一方面是从家长的层面协助家长改善亲子关系。

（一）让规则意识深入人心

1. 召开宣讲会，增强校规校纪意识

没有规矩，不成方圆。国有国法，家有家规，学校也有相应的校规校纪。每位来我校就读的学子，从内心应该都是认可学校的校规校纪的。校规校纪存在的真正意义，不是为了惩罚，而是为了维护，维护全体同学安心学习的校园环境。如果没有校规校纪，学生可以随意迟到、旷课、不交作业，那学校正常的教学秩序将无法保证。如果没有校规校纪，学生可以带手机在课堂上玩，可以在校园里谈恋爱、手牵手，那必然有更多的同学相继效仿，学校将不再是一个学习的场所，而跟外面灯红酒绿的社会环境毫无区别。学校就该有学校的样子，校规校纪就是为了维护学校本来该有的样子。

2. 严肃处理违反校规校纪同学

对于违反校规校纪的同学，学校的态度一定是坚定而严肃的，没有一个人能蒙混过关。学校的主要任务是教育，而不是惩罚。搬出校规校纪处分学生，也应是为教育服务的。所以，一旦出现学生犯错的事件，不能只是简单粗暴地处分并告诉家长。首要任务是让学生写明情况事实，教师向学生分析其中要害、表明立场，再根据事件的性质、影响的恶劣程度和学生的认错态度等情况给予适当处分，并选择合适的方式告知家长。对于学生要求不告诉家长的情况，该怎么办呢？也是视情况而定，教育无定法。但我们可以坚定地告诉学生："这件事情你做错了，违反了校纪校规，本来就没有讨价还价的余地。"先堵住他任何的侥幸心理，再行教育。如果是一犯再犯，事情性质恶劣，则不能听学生的，还是应该告知家长。如果是初犯，事情性质较轻，学生认错态度良好，则可约定暂缓告知家长。对犯事学生严肃处理，也是给其他同学起到一个警示作用，让大家明白校规校纪的庄严性。

3. 用趣味方式学习、熟悉校规校纪

在开学之初，学校应印制校规校纪发至每位学生的手上，班主任用一节班会课对其进行讲解。但是这样可能还不够，为了进一步强化规则意识，熟悉其中内容，可由学生会在年级开展一次有奖竞猜活动。先由学生会组织出题，全年级学生一起参与，分数在年级前20名的同学分成5组参加有奖竞猜活动，其他同学在台下当观众。

（二）用专业取得信任

除了加强校规校纪，另一方面，也要注重创造条件，加强沟通，增进亲子感情，缓和亲子关系。这一方面，做起来可没有说的那么简单。话说改变学生容易，改变家长却难。学生十六七岁，像一块海绵一样不停地吸收外界的各种信息，做各种改变，思维还未定型，还有无限的可能，这也是教育的意义和魅力所在。但是家长已经成年，几十年的生活经验让他们已经适应了自己的思维舒适区，思想并不容易被左右。但我们也看到，学生问题的背后都或多或少有家长和家庭教育的影子，根源还在家长。家校合作，是目前教育的一个趋势。但教师只是学生的教师，不是家长的教师，不能只是劈头盖脸给家长说教就行的。通过一段时间的探索，在此分享以下几点有效的经验。

1. 给家长开亲子沟通方面的培训会

作为一名德育工作者，是要懂一点心理学的，特别是亲子沟通的心理学。培训会上可从心理学的角度给家长分析高中这个年龄的孩子学习压力大、早恋、沉迷手机等方面深层的心理原因，让家长接纳孩子的行为和情绪，才能更好地与孩子沟通，更有效地沟通。可发动家委会的力量，请家长在培训会上分享自己与孩子沟通的经验体会，丰富培训会的形式。

2. 线上分享会

单纯的培训会也是单向的沟通，而不是双向的。而实践证明，双向的沟通更有效。因此，我们在小范围内召集感兴趣或邀请亲子关系存在问题的家长参加线上分享会。分享会以亲子沟通方面为主题，由主持人先引题，随后各位家长都说说自己与孩子沟通的小片段或经验感悟。家长在说自己事情的过程中，既是说出自己的疑惑也是在寻找问题的解决方法，部分家长还能意识到自己的不妥之处；而在听其他家长的诉说过程中，既是在帮他人想办法，也是在反思自己的行为。通过这种双向沟通的分享会，大部分家长都有深刻的感悟，都表示要投入更多的时间和耐心陪伴孩子。

3. 创造家长和孩子沟通的机会

在学生违纪以后告知家长的这个环节，我们通常会让学生选择，这件事情是要由老师告诉家长还是他自己先告诉家长。这样做主要在于让学生知道违纪一定会告诉家长，但形式上可以变通。如果学生选择自己先告诉家长，那么老师就等他跟家长讲完以后，再跟家长沟通确认。这样做也是从给机会让学生自己主动承认自己的错误，坦诚自己的行为。对于问题性质严重的学生，则要约家长到学校当面沟通，可在沟通后期让学生参与进来，叙述反思自己所犯的事情。当着老师的面，学生和家长会有另外一种跟平时在家不一样的沟通状态。

学生缺乏班级自信

广东实验中学南海学校　李文娟

【现象扫描】

无论是接手新班级，还是一直带原来的班级，在年级层面，班与班之间都会有各自的竞争意识，特别是综合水平不相上下的班级。在"精神文明班"的评比中、在各种活动的成绩上，竞争无处不在，班与班之间的较量也如影随形。若学生对班集体缺乏自信，那么班主任的工作就会显得很艰难，各科任老师在常规课堂中也会受到影响。最重要的是，在连带效应的作用下，学生个人的自信心和积极性也会随之受到打击。班主任的威信慢慢受到质疑，班集体的正能量慢慢为负能量所替代。所以，针对学生缺乏班级自信的问题，不同场景、不同活动、不同情况应有不同的应对措施，多管齐下，方能多方位地建立起学生的班级自信心，增强集体荣誉感。

【案例情景】

班级自信缺失的应对

新学期伊始，我就把学校和班级的各项规章制度及"精神文明班"评比细则向同学们明确讲解，并手把手教学生如何拿到"精神文明班"。

一个月过去了，在我的紧跟和同学们的辛苦努力下，"精神文明班"居然还是与我们无缘。我没有跟同学们说这个消息，因为今天晨会的主题就是"精神文明班"锦旗的颁发，他们迟早会听到。虽然早就有心理准备，但看到领奖台上自豪的班主任们，我站在班级队伍的最前排心里莫名地有些惆怅，之前挺直的脊背也不自觉地松垮了下去。

作为年级的"实验班"，评比标准要比其他班高出两分，这实际上加大了当选的难度。这个月被评为"精神文明班"的，是一个学生比较听话的"平行班"和年级素质最高的"火箭班"，各方面一对比，我的心里也没有很大的落差。

没事，我安慰自己，没拿到也正常。一个学生素质高的"火箭班"，一个学生听话的"平行班"，不用强求自己赶超他们，顺其自然吧。虽说我自己这么想，可很多学生并不这样想。这不，班长小宇等队伍一解散就跑过来跟我说："娟姐，我们班这个月没拿到'精神文明班'，同学们心情都很低落。觉得大家都这么努力地去做好每个细节了，为何还是被其他班捷足先登？"看看小宇失望的眼神，看着同学们失落的背影，我忽然发现，"精神文明班"的获得对学生内心的自信有很大的促进作用。接下来，我该怎么办呢？

方法1：树立榜样自信

1. 精神榜样：班长小宇

人选分析：小宇是由之前带班的老师推荐给我的，之前我也对选班长积累了一些经验，发现必须要选情商高、习惯好的学生。小宇在我一周的观察下，被认定为班长人选。原因有三，一是他成绩居上，相对稳定；二是他习惯好，能起模范作用；三是他性格好，身上有一股浓浓的乐观主义精神。

树立设想：开设一节班会课专题，主题为"我身边的精神模范"，通过三个环节来引导学生。第一个环节：班主任眼中的模范，以生活事例的形式，讲述自己对班长小宇一个月以来的接触与认识；第二个环节：科任老师眼中的模范，课前跟各科老师进行班会课主题的沟通，让科任老师去发现班长小宇在课堂和作业上的习惯榜样；第三个环节：同学们眼中的模范，引导学生主动上台发表自己的看法，形式自由。

达成目的：通过这样的班会课设计，既树立班长的个人自信，又让学生发现自己身边有如此优秀的精神领袖。

2. 学习榜样：大帅哥伊哥

人选分析：初三刚接手这个重新组合的班级，伊哥给我的印象并不深刻。有一次忽然之间问起他的名字，内心自傲的他回了一句"我叫大帅哥"，自此，我就注意了这个自诩大帅哥的男生。经过观察，我发现，这个学生很有榜样潜质。原因有二：一是学习基础不错，只是因为之前在"平行班"，优势不是特别明显；二是课堂很专注，这是学习成绩是否优秀的一个重要条件。

树立设想：鉴于伊哥理科强、文科弱的现状，我决定从自己所教的语文学科下手，确立他在文科学习上的自信。首先，通过作文评讲课，重点评讲伊哥的作文，主要分享他作文的优点，在点评优点的同时，插入我平时对他的学习上的印象和认识，一步步地让他的闪光点渗入同学们的头脑中。其次，找伊哥单独谈话，给他学习上的指导建议，比如，中午单独约英语老师进行辅导。最后，不时跟文科老师沟通，建议他们在课堂上多关注伊哥。

达成目的：通过这几件事情，不仅满足了伊哥的自尊心，也大大提升了他的自信心，让他感受到老师对他的重视，从而更加激发他向上拼搏的动力。如此，凭借高颜值及高热度，同学们都围绕着他，争相问他问题，将他视为学习的榜样。

方法2：抓住活动自信

学校活动不仅可以培养学生的能力，丰富学生的校园生活，对于一个班集体还有着极大的促进作用。对于初三的学生来说，或许只有体育节才是有机会狂欢的节日。这不，一年一度的体育节又一次来临。本来我的初衷是同学们开心就好，一切交给学生自己，初中最后一次体育节，好好享受这难得的轻松快乐。至于名次，随缘就行，可能正是因为抱着这样的心态，同学们才没有患得患失。

活动策划：1. 入场式表演不求创新，只求整齐，抓住评委老师的心。因此给学生的建议为：表演节目简单、整齐；针对初三学生以学业为重的特点，以对联的形式展现初三学子为校争光的决心，并由班主任带队去展示，既增强了学生爱班爱校的意识，又容易引起全校师生的共鸣，可谓一举两得。2 体育项目，个体引领和团体合作相结合。班上有一个男生是年级短跑冠军，却自信不足，需要老师的表扬和鼓励。刚好前一段时间他刚参加完区级的竞赛，成绩不是很理想，只拿到了二等奖。从这一点出发，我计划在"体育节总动员"的班会课中，给这位学生打气、鼓劲，让他明白，在老师和同学的眼里，名次不重要，只要拼搏精神在，就永远是我们心中的第一。

方法3：营造集体自信

距离区期末考还有一个月，年级打算在镇统考表彰大会上进行一次期末考动员，要求每个班级准备一个3—5分钟的班级展示，喊出自己的班级口号。主要流程是学生代表发言，班主任带领学生喊口号。环节简单易操作，如果只是简单应付，发言稿让文笔好的学生写，发言让班长去读，班主任到时上台带领学生喊口号，这样的方式相对来说会有些无趣。为了给学生更多的仪式感，更好地从氛围上感染学生，营造集体自信，我又一次开始了自己的小策划。

班级展示流程策划：第一个流程，确定自愿上台发言的学生代表。要求其做好2分钟的PPT，内容为班级的榜样、班级的优势、班级的不足，主要通过图片来解说。第二个流程，齐唱班歌《高飞》。把学校要求艺术节购买的小红旗作为道具，在唱班歌的过程中全班挥舞小红旗，既契合班歌的主题，又营造了学生爱班爱校爱国的氛围。第三个流程，班主任上台带领喊口号，把自己当作上台表演的明星，带动台下的学生，拿着小红旗挥舞，全场呈现出一片红色的旗海和全班同学的豪情壮语。

【问题分析】

根据以上情景，我们可以看到，针对班级自信缺失这一现象，我们可以多管齐下，通过不同的个体、不同的活动、不同的场合，开展树立班级自信心的活动。只要用心，学会用力，效果自然事半功倍。

针对班级自信缺失这一现象的处理，教师容易出现的问题往往表现在以下方面。

（一）重功利，缺失爱

班级自信心缺失，教师不去了解班级的问题、学生的想法，为什么没有集体归属感。不去考虑这种缺失如何找回，甚至不去思考怎么才能让班级自信重新确立，而是一味地批评学生没有集体荣誉感，甚至把原因归结到班干部不给力上，给班干部和学生施加压力。

采用这种处理方式的教师通常比较强势。这种重功利，缺失爱的做法只能迫使学生在一定程度上收敛、改善其行为，这种收敛和改善往往并不是源于其自身正向价值观的推动，而是源于对教育者惩戒手段的恐惧和服从，因此即使班级有所改变，也是迫于教师的强势管理和严格惩罚而将问题暂时掩盖，并不能真正寻回班级自信。

（二）态度松，不用心

有些比较宽容或相对软弱的教师，不会一开始就采取强势的"惩罚""恐吓"等措施，而往往选择"宽容"和"师爱"措施。他们深信"人之初，性本善"，深信"班级自信对学生个体的成长没有多大的影响"。于是一次次宽容学生和放松班级管理，没有把心思放在如何创立一个优秀的班集体、班级的凝聚力该如何去形成等问题上，对是否拿"精神文明班"也没有太多期望。老师的不用心，自然就给学生带去了无所谓的信息，于是班级自信就成为不存在的概念了。

（三）只下药，轻策略

班级管理中出现的问题很多时候不一定是班级自身出现了问题，而仅仅是老师的班级管理策略出现了问题。这就要求教师不应该只是对症下药，哪里有病医哪里，更应该从旁击破、从内部击破，于无声中胜有声，这才是真正的管班之道。

因此，面对班级自信心的缺失，很多教师往往是去研究班级管理条例，哪一条没有认真严格地实施到位，没有把要求细致地跟学生强调清楚。比如，对于"精神文明班"的问题，很多教师的直接反应是"班级卫生又没搞好""宿舍又有谁违纪了""下午上课又有哪位学生迟到了"等，把原因都简单归因到班级日常的管理上，却极少去从情感上和价值观上引导学生，不明白改进的方向和着力点。

【对策措施】

（一）认真负责，嘴勤脚勤是做好班主任工作的前提

作为一名有着二十多年任教经验的班主任老师，我的经验是要做到嘴勤脚勤，我认为"认真负责""嘴勤脚勤"是做好班主任工作的前提。这份责任感不仅来源于我对这份职业的执着，更来源于我对孩子们的爱。因为我们学校是全封闭的寄宿式学校，所以我不仅要管理学生的学习，同时还要照顾他们的生活。对于每一个孩子，我都尽量给予最大的帮助与呵护。俗话说："十年树木，百年树人。"这些孩子正处于人生的关键时期，无论是老师还是家长，都有责任帮助他们完成人生的过渡。而在班级学习生活中，班主任与他们接触时

间最长，更容易了解他们，更容易做他们的工作，所以我在平时时刻注意孩子们的变化，及时地帮助他们拨正人生的航向，让他们驶向正确的人生港湾。一切问题的发现只有在嘴勤脚勤的基础上才可以实现，勤到学生中去，才能发现行为方面的不足；勤与学生谈心，才能把握学生的思想状况。

（二）为人师表，率先垂范

班级是学校教育、教学工作最基层的组织单位，班主任则是这个单位的领导者、组织者和管理者。班主任工作是塑造学生灵魂的工作，班主任对创设良好的班集体，全面提高学生素质，陶冶学生情操，培养全面发展的人才，具有举足轻重的地位和作用。在学校里，班主任接触学生的时间最长，开展的教育活动最多，对学生的影响最大，在学生面前班主任就是一面镜子、一本书。因此，规范学生的行为，首先要规范班主任自己的行为；提高学生的素质，首先要提高班主任自身的素质。在教育工作中，班主任要真正做到为人师表，率先垂范。我作为一名班主任，在工作实践中，要求学生做到的，我首先带头做到；要求学生讲文明礼貌，我首先做到尊重每一位学生的人格，从不挖苦讽刺他们；教育学生热爱劳动，我每天早上和学生一起打扫环境卫生和教室清洁卫生；教育学生搞好团结，我首先做到和各位教师搞好团结；教育学生真诚交友，我和学生交知心朋友；在学习上，要求学生书写认真工整，我在板书时首先做到书写规范认真。这样自己的一言一行已经成了一种无声的教育。教师是学生心目中的榜样，在全面推进素质教育的今天，作为教师更应提高自身素质，树立职业道德，以高尚的道德风范去影响学生，当好学生健康成长的指导者和引路人。

（三）爱生如子是做好班主任工作的关键

"爱是教育的润滑剂"，爱是沟通教师与学生情感的纽带。通过和学生接触，我充分认识到了"爱心"在师生关系中所起到的关键作用。谈到班主任的工作，我不禁想起法国作家拉封丹的一则寓言：北风和南风比试，看谁能把一个人身上的大衣吹掉。北风首先施展威力，行人为了抵御北风的侵袭，把大衣裹得紧紧的；南风则徐徐吹动，风和日暖，行人觉得暖洋洋的，开始解开纽扣，接着脱掉大衣。这则寓言给了我很大的启示："北风"与"南风"无异于班主任积极的工作方法，而"行人"也就是"学生"了。我们在工作中，是用高八度的调子，盛气凌人去压服学生呢？还是用诚挚的情感去热爱、尊重、信任每一个学生呢？当然，我们都愿意选择后者，愿意做"南风"，也就是说在工作中要运用情感和爱来诱导、教育学生。对学生有爱，并不等于一味地迁就和放纵他们。所以这个"爱"必须和"严"相结合，只有这样学生才能接受并理解你的爱。

（四）强化日常行为规范教育，加强各种能力的培养

中学教育主要是养成教育，一个人能否养成良好的行为习惯和高尚的思想品德，关键在于中学阶段的教育，特别是低段的教育。学生良好的思想行为不是一朝一夕形成的，而是通过每一件事、每一项活动、每一节课，长期熏陶才能形成。

1. 重视在课堂内的常规训练，培养学生的自控能力

我首先要对他们进行常规教育和训练，严格要求，一抓到底。长期以来，我针对班上学生实际，利用一切有利时间加强学生学习习惯的培养。例如，训练学生正确读书和写字的姿势，每天提醒他们注意习惯的培养。读书时要求全班同学都拿起书做到手到、眼到、口到、心到。只要做作业，就不停地提醒大家纠正不良姿势。当学生起来发言时，则要求他们站端正，两眼平视前方，态度自然大方，并且说话时声音要响亮，吐词要清楚。在听的能力方面，则要求他们注意听别人说话，听清楚说话的内容，记在心中，要说得出来。这些办法对学生听的习惯养成起到了一定的促进作用。现在学生在课堂上读写、坐站听说的正确姿势逐步养成，增强了自控能力，课堂秩序有明显好转。

2. 建立全班学生轮流值日制度，培养自育能力

值日问题，过去的一贯做法都是只让几个干部轮流负责，经过实验观察，我发现这样下去只能是好的学生更好，差的仍然赶不上。为了全面培养学生自律能力，在德智体美劳几方面得到全面发展，让每个学生都有锻炼的机会。采取了全班学生轮流值日后，学生表现出十分积极兴奋的状态，总是盼着自己当值的那天。值日生要负责当天的学习清洁、纪律、收发作业等，这样每个学生都有独立的工作机会，在值日中学会管理，培养学生的独立工作能力，更重要的是值日生既然要去管理别人，那首先就得以身作则，才有说服力。实践证明，学生在值日中不仅自己严格地遵守纪律，而且表现出较强的工作能力和责任感。通过值日，我进一步认识到，学生是班级的主体，每个学生都有组织和管理好自己班集体的责任和义务，也有参与管理班级的权利。让学生参与进来，能激励学生更加热爱自己的班集体，促进学生主体意识的确定。

3. 建立学生一日常规，培养学生自理能力

为了规范中学生的行为，我根据班里的实际情况制定了班上一日常规，培养学生自理能力，要求学生每天按时起床睡觉，在宿舍要主动扫地和倒垃圾。总之，让孩子通过劳动来理解劳动的意义，体会劳动的艰辛，体贴父母的辛劳，体现尊老敬老的美德。

（五）培养正确舆论和良好的班风

一个良好的班集体要形成正确的舆论和良好的班风，去影响、制约每个学生的心理，规范每个学生的行为。正确的舆论是一种巨大的教育力量，对班级每个成员都有约束、感染、熏陶、激励的作用。在扶正压邪、奖善罚恶的过程中，舆论具有行政命令和规章制度所不可代替的特殊作用。因此，班内要注意培养正确的集体舆论，善于引导学生对班级生活中一些现象进行议论、评价，形成"好人好事有人夸，不良现象有人抓"的风气。记得开学之初，班里学生的"傲"气很重，都看重"大事"，不注重自己身边发生的小事，不屑于做小事。放学后窗户没关就走了，大白天六个管灯全开着却不以为然等现象时有发生。针对这种情况，我组织开展了主题为"勿以善小而不为，勿以恶小而为之"的班会，会上对小事该不该管的现象进行了辩论，还列举了同学身边发生的小事造成的危害，最后得出结论"千里之行，始于足下；千里之堤，溃于蚁穴"。实践证明：有了正确的舆论和良好的班风，就会在无形中支配集体成员的行为和集体生活，是一种潜移默化的教育力量。

班主任工作是一项艰苦而需要耐心的工作，我却乐在其中。我坚信，"一份耕耘，一份收获"。当我看到自己带的班级朝气蓬勃、秩序井然地向前发展时，当我看到每一名学生学有所成时，所有的辛苦与汗水都化作一股甘泉流淌于心间，且瞬时又化为强大的动力，使自己更加努力地投入以后的工作中去。

附：主题班会课例

好习惯，好人生

一、活动目标

（一）帮助学生了解好习惯和坏习惯的影响，意识到养成良好习惯的重要性。

（二）帮助学生找到改正不良习惯的方法，并做追踪管理。

活动准备：提前打印"不良习惯治疗卡"；提醒学生带笔参加班会课。

二、活动过程

（一）活动导入，见识习惯

导入"叉手"活动：

1. 教师提醒全体学生注意，半举双手，放于胸前。

2. 教师请全班学生跟随教师口令将双手交叉握在一起，连续做6次，最后一次，保持交叉状态。

3. 教师口令清晰，高举双手做示范。

教师提问：请注意自己的手指是怎样交叉的，是左手大拇指在上还是右手大拇指在上？你每次手指交叉的姿势一样吗？为什么？

学生回答：有的同学是左手大拇指在上，有的同学是右手大拇指在上，但是所有同学每次手指交叉的姿势都是一样的，因为习惯了这样叉手。

教师小结：一个小小的叉手游戏让我们认识到，习惯无处不在，并经常在不经意间对我们产生着影响。同学们，"习惯"本身是一个中性词，也就是说，习惯有好习惯和坏习惯，养成一个好习惯可能让我们受益终身，养成一个坏习惯则可能让我们损失惨重。因此，本次活动，我们的主题是"好习惯，好人生"。也许有的同学会问："老师，习惯有那么大的影响吗？"关于这个问题，我们借助两个小故事来认识习惯的影响。

（二）故事分享，认识习惯

（出示课件，呈现故事1）

北京有一家外资企业招工，对学历、外语、身高、相貌的要求都很高，当然，薪酬也挺高，所以很多年轻人都来应聘。他们过五关斩六将，终于到了最后一关：总经理面试。

一见面，总经理就说有急事要离开一会儿，让他们等10分钟。他们很有礼貌地答应了，各个踌躇满志，得意非凡，有的还开始围着总经理的写字台看。只见上面有一摞文件、一摞资料，他们便开始互相传阅、讨论。

10分钟后，总经理回来了，宣布面试已结束，没有一个人被录取。年轻人都感到很疑惑。

教师提问：各位同学，年轻人都感到很疑惑，请问你感到疑惑吗？为什么？

学生1：不疑惑，因为他们没有经过他人同意就乱翻他人资料，这是很不好的习惯。

学生2：不经过他人同意就翻看他人资料会侵犯他人的隐私，而且这是对他人的不尊重，所以他们都没有被录取。

（出示课件，呈现故事2）

20世纪60年代，前苏联发射了第一艘载人宇宙飞船。当时在挑选第一个上太空的人选时，几十名宇航员去参观了他们将要乘坐的飞船，但进舱门时，只有加加林一个人把鞋脱了下来。他觉得这么贵重的飞船舱，怎么能穿着鞋进去呢？

加加林的这一个动作，让主设计师非常感动。他想："只有把飞船交给一个如此爱惜它的人，我才放心。"在他的推荐下，加加林成了人类第一个飞上太空的宇航员。

教师提问：你认为主设计师的决定有道理吗？为什么？

学生：有道理，因为脱鞋虽然是这么一件小事，但实际上体现了一个人的修养。一个人的素质高低往往能在一些很细微的小事上体现出来。可以说，小习惯体现了大修养。因此，主设计师的决定是明智的。

教师小结：是啊，小习惯，往往能够体现大修养，看来我们以后也要注意养成好的小习惯才行。那么，同学们，对于"人无完人"这句话，你们相信吗？（学生回答：相信）那你们想不想改变不良习惯，养成好习惯呢？（学生回答：想）教师过渡：从小到大，我们很多人都有过很多次想要改变不良习惯的努力，但是很多时候都前功尽弃了，这是为什么呢？也许下面这个小活动能够给我们一些启发。

（三）方法介绍，改变习惯

第二次开展叉手活动：

1. 教师要求学生恢复上课之初的叉手状态（即习惯叉手的状态）。

2. 教师请学生重新叉手，要求手指交叉的顺序要与之前正好相反（例如，本来左手大拇指在上的改为右手大拇指在上），连续做5次。

教师提问：当姿势有所改变时，你有什么感受？这说明了什么？

学生：感觉很不习惯，很不舒服。这说明当我们想要改变自己长期养成的习惯时，会面临不舒服、不适应。

教师小结：改变自己长期养成的习惯当然会伴随着不适。这也是我们以往很多次想要改变不良习惯却总是失败的原因。在意识到改变会伴随不适之后，我们是不是就无法改变不良习惯了呢？当然不是，只是我们需要找到好的办法来帮助自己改正不良习惯。在此，老师向大家推荐一张卡片：不良习惯治疗卡。

```
                    不良习惯治疗卡
                          _____年_____月_____日

      不良习惯：_____
      怎样改进：_____
              _____
              _____
      我邀请_____做我的评判人，提醒我要和坏习惯绝交。
      一个星期后，我的表现：_____
      治疗结果：_____
      评判人签名：_____
```

1. 教师给每个学生发放一张不良习惯治疗卡。

2. 学生自主完成卡片（为了提供参考，教师可以举例。比如，关于克服"做事拖拉"的不良习惯，本人从以下三方面去改进：第一，遇到事情马上去做；第二，如果不能马上去做，要在备忘本上记录下来，并明确完成时限；第三，如果不能按时完成，先做别的，下班后加班完成这份工作）。

3. 学生分享（在分享过程中，教师一方面要对学生提出的比较可行的措施给予积极回应，另一方面要对学生提出的不合理做法给出建议，以确保改进措施的可行性）。

4. 教师小结：同学们刚才的分享不仅让我看到了大家改变不良习惯的决心，更让我看到了同学们方法的可行性。有了坚定的决心，有了可行的方法，又有了外在的监督，我相信同学们一定能够改掉不良习惯，形成良好的习惯。

（四）理论指导，确立信心

行为心理学研究表明，21天以上的重复会形成习惯；90天的重复会形成稳定的习惯。即同一个动作，重复21天就会变成习惯性的动作。同样的道理，任何一个想法，重复21天，或者重复验证21次，就会变成习惯性的想法。所以，一个观念如果被别人或者自己验证了21次以上，它一定已经变成了你的信念。

教师总结：通过这次班会，我们都认识到，良好的习惯能帮助我们走向成功，使我们受益终身。播种行为，收获习惯；播种习惯，收获性格；播种性格，收获人生！好习惯成就人的一生，它是我们言行的导师，是描绘人生蓝图的五彩笔。同学们，让我们一起努力改掉坏习惯，培养好习惯，成就好人生！希望三个星期后，我们的不良习惯治疗卡上收获的答案是肯定的！

学生带手机回校

广东实验中学南海学校　王德艳

【现象扫描】

手机作为一种新媒介，功能不断推陈出新。一方面，手机在学生群体中使用率较高，另一方面，家长对于学生的手机管控问题持相对宽松的态度，尤其是寄宿制学校，由于涉及学生放学后联系家长、日常与家长沟通等问题，手机的管控问题就显得尤为突出，更有甚者会成为班主任日常管理班级的一颗定时炸弹。虽然学校和班主任多次强调过不允许带手机返校，但返校日总能看到一些同学拿着手机进入校园，这部分同学的手机，最终有没有交到班主任或生活老师那里统一保管不得而知，但这毫无疑问会给学校和班级的管理增加难度。

【案例情景】

手机风波

周日晚上返校，照例进行数学练习小测，正当全班同学都在奋笔疾书的时候，一个不太和谐的声音打破了这场考试的宁静，我拿起手机一看，发现我的手机微信并没有新消息。很显然，这个微信新消息提醒的声音，来自某位同学的手机。我抬起头扫了一眼，提示道："请自觉把手机放到讲台上来！"台下的同学面面相觑，每个人脸上的表情都写着"我没带手机"。为了不影响同学们的考试，我暂时把怒火压制住了。

下课铃声响起，每周的班级违禁物品例行检查被迫提前了，同学们将自己的书包打开，等待小组长的检查。就在这时，小康同学突然情绪很激动，拼命护住自己的书包："老师，书包是学生的隐私，其他人无权查看，我要告他侵犯我的隐私权。"这一异常举动立刻引起了我的怀疑，但在他的煽动下，班上陆续也出现了一些跟风的声音。这时我如果再让小组长继续执行的话，可能会引起公愤。但手机今晚是一定要找出来的，不然后患无穷，怎么办才好呢？时间一秒一秒的过去，眼看就到了宿舍晚归的时间，我看到小康同学再也坐不住了，这一系列的反常举动都告诉我，手机极有可能藏在他的书包里，我让班长站在门口，同学们背上书包检查完后回宿舍，这时，我借故支开小康，让他帮我把试卷拿去办公室给数学老师，出来的时候，我看到他背上了自己的书包，这更加坚定了我的怀疑。到了办公室，我把小康叫住，对他说："如果你现在把手机交出来，我可以不追究这件事，权当你是忘记上交了，好不好？"小康还是死死护住书包，矢口否认带手机一事。我拿起手机，就要给小康的父母打电话，小康"哇"的一声就哭出来了，把书包打开，映入我眼帘的是20包辣条和两个充电宝。我惊呆了，同时也更加意识到事情远没有我想象的简单。这时，班长跑来报告说手机查到了，是小雨同学带的……

面对这个平时乖巧的女孩，我的内心无论如何都不愿相信这个事实，转念一想，这台手机和小康的充电宝有没有联系？我该怎么做？

方法1：冷处理，写事件经过

按照学校校规校纪对学生违纪处理的一般程序，都会要求学生写明事件经过，尤其是在遇到学生情绪比较激动的时候，更应该进行冷处理，也给老师一些时间作出事件处理的正确决策，但是现在已经到了晚上学生回宿舍的时间，如果先写事件经过再去核实处理，一定会耽误很多时间，学生晚归也会影响宿舍同学的休息。

方法2：晓之以理，动之以情

我决定先代为保管物品，护送学生回宿舍，第二天找时间让学生来办公室谈心；同时，交代比较可靠的学生密切注意这两个学生的情绪和行动，联系家长询问孩子最近在家的表现，找和他们比较要好的同学先了解情况。次日，我将小康和小雨同学分别叫到办公室单独了解情况。

教师："昨天晚上睡的好么，今天看你上课不是很精神。"

小康："睡得不好。"

教师："为什么睡得不好？老师昨天晚上也没睡好。"

小康："老师，我的东西还能还给我么？您没告诉我家长吧？"

教师："你觉得老师应该告诉家长么？"

小康："如果是我，我一定特别生气，肯定要告诉家长。"

教师："放心吧，我没告诉你家长，但我真的特别生气，为什么强调了那么多次，还是要偷带手机和零食？"

小康："老师，我不是故意的，我只是……"

教师："只是什么？你告诉老师，老师帮你分析一下。"

小康："算了，告诉您，您也帮不了我。"

教师："在你心里，也许已经有自己的解决办法了，但不一定是最好的方法，对吧？你说出来，我们也可以一起想想办法，你这肯定也不是第一次带手机了，对么？看你的黑眼圈，是不是晚上偷玩手机了？"

小康："老师，我最近压力好大……"

教师："每个人都会遇到困难，但方法总比困难多，你冒着那么大的风险带手机来学校，现在这样的局面是你想要的吗？这种行为帮助你释放压力了吗？解决你的烦恼了没有？"

小康："没有，现在我也不知道如何是好了。我觉得大家都不喜欢我，老师和家长也一样。"

教师："那你和老师具体说一说。"

小康："上次月考之后，我退步很大，我和父母因为这个事情吵了好几次架。每个周末回家，他们就在我耳边唠叨，我也很着急，但不知道从哪方面去提高自己的成绩。下个学期就要分班了，我觉得自己没救了。最近我还迷上了打游戏，所以就怀着侥幸心理偷偷把手机带到学校了，怕被您发现，我就放在了小雨那里。"

教师："你和父母发生矛盾、吵架，是因为你考差了，但父母没有理解你，所以你觉得自己委屈，对吗？你对自己的现状也不满意，但又不够自觉。玩游戏是因为游戏能让你暂时释放压力，游戏里的排名，能让你更有成就感，对吗？"

小康："是的，老师，虽然我也知道这是在欺骗自己，但就是忍不住。"

教师："老师并不觉得你是在欺骗自己，每个人都有自己感兴趣的领域，但我们要在合适的时间去做这些事情。你周末可以玩游戏，但前提是作业要完成，要得到父母的允许，你觉得呢？"

小康："可是我觉得我的父母不会同意的，每次我玩游戏他们就会说我'学习那么差还玩手机，什么也不会做'。"

教师："那你玩游戏之前有没有和父母打过招呼呢？他们知道你已经完成作业了吗？看到父母那么忙，你是不是也应该帮忙做点家务，这样是不是能让他们更加放心呢？"

小康："老师，我知道了，以后我会改进的。"

方法3："严刑逼供"

教师："鉴于你们俩的事情都属于违反校规校纪，而且比较严重，按照规定，我要报告给年级和学生处，让你们的父母明天来学校！"

小雨："老师求您不要告诉我家长，我家长如果知道了一定会打我的！"

教师："我可以暂时不告诉家长，坦白从宽，要看你是不是老实交代了。如果你要是隐瞒或者包庇别人，后果你是清楚的！"

小雨："可是老师，我答应过别人不能说的；如果我说了，以后我就再也没有朋友了。"

教师："按照规定，你这种行为属于隐瞒事实，是要加重惩罚的。如果你不如实说，被我查出来了，那可能就不是告知父母那么简单了。我没那么多时间。你现在不说的话，我就马上联系你父母了。"

小雨："老师，我说……"

最终，我选择了第二种方法，对学生进行情感触动，使其亲其师、信其道，做好情感铺垫，使学生放下警戒线，对老师吐露真心。

【个人感悟】

手机作为信息时代的产物，早已在学生群体中流行起来。流行意味着需要，如何管理学生的手机，关键是要从"学生为什么要带手机"的需求出发，进行正确的引导并制定相应的对策。

【问题分析】

学生私自带手机回校的问题屡禁不止，原因可能有以下几方面。

（一）社会因素

现如今，网络全面覆盖，坐在餐桌上、公交车上、地铁里，甚至是走在路上、开着车子，都有人低头玩手机，中学生逐渐成为这一群体的"新生力量"。相关数据显示，中国的智能手机用量和网络用户居于世界之最，中国随处可见"低头族"。我国成年国民人均每天手机接触时长为80.43分钟，这种社会氛围势必会影响中学生，中学生尚未成年，自控力相对更弱。

（二）学校因素

对于寄宿制学校学生而言，手机作为通信工具，方便了学生与家长之间的联系和沟通。我也曾接到过很多学生家长来电，希望学校可以让学生正常使用手机，方便他们与自己孩子之间的联系。很多家长想要及时了解学生状况的初衷是好的，但是学生带手机的目的与家长的想法有很大差异。寄宿制学校一般会设有公用电话亭，但有时由于设备故障或者排队人数较多，学生就会萌生带手机返校这样的念头。研究表明，高中学生相对初中学生希望学校给予更多使用手机的自由，如果学校严令禁止的情况下，高中学生则更容易偷带手机回校。

（三）同伴效应

手机更新换代速度之快，是前所未有的，随之而来的手机话题也是前所未有的。推陈出新的手机游戏和小说，极大满足了学生的满足感和刺激感，同伴间会分享甚至炫耀在手机上的"收获"，诸如游戏的等级排名、游戏角色的皮肤道具、最近新更新的小说、某个明星的八卦新闻等。长此以往，学生渐渐养成对手机的依赖，手机甚至成为与同伴交往的一张名片，会导致学生不惜违反纪律私自带手机返校。

（四）自身因素

研究表明，性格内向、害羞、孤僻、不善交际的中学生，在现实生活中遇到挫折或困难时，倾向于在虚拟的网络世界中表达自己的看法与情绪，因此更容易手机成瘾，而在现实世界则变得更加自卑。也有部分学生，由于在学习上遭遇挫折，依靠手机和游戏为窗口，进行发泄以及心理寄托，这部分学生一旦拥有手机，也往往会想尽办法将手机带回学校。

【对策措施】

手机作为学校管理者的对手已经非常强大，并且还会继续强大下去。如何对学生的手机进行合理有效的管理才能既不影响学生与家长的沟通，又不影响正常的教学活动，助推形成良好的班级管理规则，建立良好的班级文化呢？我认为，对于手机管理要分导、管、促三步走。

（一）手机管理如何"导"

1. 通过多种途径对家长进行指导

手机问题，不仅是学校管理的一大难题，更是家长的一块"心病"，绝大部分家长在对待手机问题上，面临两难的抉择：不加制止会让孩子沉迷手机无法自拔；没收手机，亲子关系愈加紧张。在日常与家长的沟通中，80%的家长表示：不会如何处理手机问题。所以，对家长进行手机管理的指导非常有必要。

父母是孩子的第一任老师，父母的言传身教对孩子的影响巨大。曾有孩子在周记中倾诉"手机才是父母的孩子"，试想一下如果父母在家经常玩手机，那一定会激发孩子对手机的渴望。因此，父母一定要在孩子面前树立榜样，理性使用手机，除了工作需要，尽量不接触手机。教师可以通过主题家长会或者班会课的形式，让家长与孩子就手机使用问题（时长、前提、场合等）形成书面协议，双方互相承诺，班主任作为监督人。处于青春期的孩子独立意识较强，孩子有了"协议"加持，一方面从一定程度上增强了学生的"管理"意识；另一方面，家长也可以通过协议对孩子进行约束，教师更要主动与家长沟通，要求家长配合学校的手机管理工作，定期分享关于手机和游戏管理的科普文章，邀请有经验的家长分享经验和做法，家长与教师统一战线。

2. 利用班会课、班级户外拓展、社会调查等形式，对学生进行引导

在不同的年龄阶段，班主任要通过不同形式的班会引导学生去使用手机。比如，对于初一的学生，由于其自控能力最弱，可以通过调查等形式了解学生手机使用情况，通过制定规则等方式去引导；对于初二的学生，应该从亲子沟通与手机的联系去入手开展；对于初三的学生，则要从梦想与手机的关系去指导学生；对于高中的学生而言，更多的是从学业规划方向去指导学生树立远大

的理想，努力学习。

另外，有条件的班级可以定期组织户外拓展，让学生的假期变得充实，同时让学生记录户外拓展的收获和心得，也可以在假期布置相关的社会调查，比如生活中的"低头族"、记录父母忙碌的一天（基于什么情况下使用手机）、电子竞技的就业前景等，或者充分利用目前的网络平台，让学生尝试以"现场直播"的方式记录自己的调查内容，回校进行分享，对优秀成果进行表彰，让学生充分认识到，手机虽然极大地便利了人们的生活，但也要合理使用。

（二）手机管理如何"管"

1. 一份承诺

学校的校规校纪已经明确了对于手机使用的相关规定，班主任在入学教育的时候就要强调并且不断进行重申。同时，可以在此基础上，制定一份"手机进校园承诺书"，一式两份，在每个学期开学的时候要求学生和家长共同签名确认，班主任和家长各保留一份，让学生和家长明确学校的相关规定。

2. 一份申请

对于有特殊原因必须带手机回校的学生，必须遵循一定的流程：首先，必须填写申请书，需要家长和学生共同签字，确认遵守学校的相关规定，手机入校必须关机，第一时间交与老师进行集中保管，写明具体的申请原因、用途、手机的型号，是否支持上网等。其次，还需要家长向班主任发送确认申请的短信，班主任还可以在申请书上设置"代为保管回执"，学生回校上交手机和申请书时签名确认相关信息。最后，放学日学生领回手机和"代为保管回执"，拿回家给家长签名，下周连同新的申请书一并带回，这样学生"有法可依"，家长也可以了解到学生是否把手机交给老师。

3. 一位手机管家和一个保管中心

对于手机的上交保管和保管反馈，班主任可以依靠班干和家长委员会的力量，在班干中设置1~2位手机管家，在家委中设置1位手机总管，带手机回校的学生，在返校日把手机和申请书交到管家处，并做好每周保管登记，本人签名确认，管家统一收齐后交给班主任，由班主任放到"保管中心"（手机管理箱），并把保管登记信息拍照发给总管，由总管去向相应的家长再次核实。

这样通过家校合力，一方面规范学生使用手机的习惯，另一方面通过情况反馈，家长可以了解学生带手机情况，提出相应的问题，互相出谋划策，共同解决问题。

4. 一个移动亲情站

对于需要手机与家长联系的学生，除了用校园的公用电话外，可以在班级设立一台公用电话，建立一个移动亲情站，此公用电话可以通过众筹的方式筹集学生家中闲置不用的旧手机，或者通过班费购买，存放在班主任处，交给手机管家管理。对于不主动联系家长的学生，家长可以通过预约的方式向总管预约与孩子通话，总管向班主任反馈，班主任把预约情况告诉手机管家，把公用电话交给管家，由管家统一组织相应的学生与家长联系。对于需要与家长联系的学生，也可以在管家处进行预约，紧急联系的情况可以直接授权管家处理。当然，公用手机的使用也需要遵循相关的规定。

（三）手机管理如何"促"

"促"有督促、促进之意，是对"管"的监控和补充，是促进手机进校园管理的有效手段，可以从以下几个方面去尝试。

1. 一份约定

班级可以根据班级的文化，通过班会课、班规的商定等建立适合自己班级的手机管理约定，针对带手机回校后可能出现的情况，比如，手机未按规定时间上交，带手机回校后在教室看视频、打游戏等，先组织班干部内部讨论，商量一些具体可行的办法，再通过班会课的形式进行投票或者征集意见，形成班级公约，也可以征集家长的意见，这样形成的班级公约学生和家长都能接受，以后在进行相应的处罚时，学生和家长也能心服口服。

2. 一份公告

明确了以上的规定和约定后，可以让一部分学生自觉遵守，但也要注意以下两种情况的出现：其一，无视规定，破坏规则；其二，未经过申请私带手机回校。以上两种情况光靠班主任一人是无法察觉和监督的，所以要发动"群众"的力量，对于违纪的学生一定要严肃处理，在先在班级内部检讨，接受全班同学的监督。另外，对于带手机返校的学生，每周名单也要在班级进行公示，接受全班监督，以免有学生写了申请，交了手机，但还私藏另外的手机。

有了学校、老师、同学、家长的共同监督，学生冒着违规被处罚的风险在同学们的视线之下玩手机，心理压力会很大。当做一件事承担的风险和背负的谴责超出了做这件事带来的愉悦时，每个人都会权衡利弊，作出趋利避害的选择，这正是我们需要的姿态。明白了这个道理，我想，绝大多数人会认可。这就叫以理服人、环境育人。

3. 一种模式

推荐家长为学生安装手机App"番茄TODO"制定简约高效番茄钟+待办列表+学霸模式，从源头上管控学生周末手机使用时间。

该软件可以设置待办事项，番茄时间和休息时间，即学习时间和休息时间。在学霸模式下，即写作业或者上补习班时，手机自动进入屏保界面，无法退出，直到这段番茄时间结束。学霸模式还可以设定作业完成的时间，超时将会进行提醒，在学生写作业过程中忍不住玩手机时也会发出警告，经过长期训练，还可以缓解学生的拖延症。

当监督模式运行之后，软件可以自动检测学生使用的行为。在学生玩手机的时长超过设定的限度时，将强制进入屏保界面，让学生不得不放下手机。

总而言之，对于学生带手机回校的问题，最重要的是规则的约束以及自觉遵守，对学生和家长进行合理的引导，建立有效可行的监督机制，帮助学生形成习惯，有利于良好班风的建设，提升班级凝聚力，为班主任解决后顾之忧！

附：班会课设计

班会：做手机的主人——我的手机我做主

一、班会背景

在物质文化丰富的社会大背景下，手机已经成为学生沟通、学习和娱乐的重要工具，但它有时候却成了学习的杀手。那我们究竟应如何教导孩子杜绝手机成瘾，加强自律性呢？

二、班会目标

1. 让学生能够认知到手机问题的关键是能否自律和合理使用的问题。

2. 让学生明确遵守学校关于手机使用方面的规定，使学生能够自愿自律地管理好自己的手机。

3. 引导学生从手机使用问题看自己的自律问题，让学生意识到生活中的各种细节都需要自律。

三、班会流程

课前准备：学生准备彩笔、A3白色卡纸

（一）环节一：一场无限可能的革命——5G时代下的手机

教师：信息通技术的发展，给人们的生活带来了翻天覆地的变化。2G时代开启了移动互联网的大门、3G时代我们看到了智能手机的盛起、4G时代我们迎来了移动互联网的繁荣，那么，现在5G时代即将到来，我们的生活将会发生什么样的变化呢？手机作为网络时代的产物，又会发生什么变化？

1. 呈现与主题相关的图片，并介绍今天主题班会的话题——手机。

2. 探讨问题：手机是什么？教师引出手机是通信工具和移动电脑。

3. 强调全国有6.2亿人用手机上网，占所有上网人数的90.1%。

4. 学生小组内分享自己的经历：手机给我带来的最大好处或便利是什么？

5. 小组合作绘制"手机带给我的最大好处"思维导图。

6. 邀请一个小组进行分享成果。

7. 进行总结：手机极大地改变和丰富了我们的生活，人们沟通和娱乐的方式彻底被改变，有了5G，网速会更快、容量会更大、连接会更多，它会孕育新产品、新服务、新业务模式甚至新产业。那时的生活或许会有更加翻天覆地的变化，无人驾驶、云游戏、远程医疗等将可能成为我们生活的日常。

8. 出示一组漫画：互联网遥控操作着人们的一切，手机这端的我们如同牵线木偶一般，被遥控、被操纵。

9. 提出一个问题：手机和网络是如此的便利，以致让我们享受着互联网的便利，也沉迷其中无法自拔，我们怎样做自己手机的主人，实现我的手机我做主呢？

（**设计意图**：1. 提出问题，让同学对手机有更明确的认识。2. 提出质疑，更好地引发学生对问题的思考，也点出了班会主题——怎样做手机的主人。3. 教师以学生为主体，通过对话来理解学生立场，更有助于提出问题和解决问题。）

（二）环节二：中学生带手机是手雷还是护身符？

1.探讨问题：如果学校没有禁止带手机，你带还是不带？为什么？

2.让学生小组讨论阐述自己带与不带的原因，并试图说服对方接受自己做法的合理性。

3.教师总结："手机是手雷还是护身符"及"手机带与不带"不是手机"利大于弊，还是弊大于利"的问题，而是"我"的问题。

4.结论：个人是否合理使用手机，决定了它带来的是积极作用还是消极作用。

（**设计意图**：1.让学生自己意识到手机有"利"也有"弊"。2.引导学生关注个人的合理使用，帮助学生了解手机"带"与"不带"关键在于"我如何使用手机"。3.帮助学生意识到"我"怎样使用手机决定它带来的是积极作用还是消极作用。）

（三）环节三：中学生该如何使用手机

1.探讨问题：你有没有遇到（或听说）某人因为使用手机而对自己或他人造成不利影响的例子？

（1）同桌互相分享经历。

（2）预设：学生会提到某人对自己的学业、身体健康、人际关系和同伴的不利影响。

2.教师总结：个人不加控制和约束地使用手机，会有多方面的消极后果。

3.探讨问题：如果学校没有规定校内禁用手机，你会怎么做？（请同学们对号入座）

（1）我不带手机到学校。（我带手机，但是关机，离学校才用。）

（2）我带手机，基本关机，在应急和特殊需要下才会开机使用。

（3）我带手机，基本关机，但是中午（晚上）的休息时间都会开机玩一会儿。

（4）我带手机，只要不上课，就要玩会儿。

（5）我带手机，处于开机状态，不管上课还是下课总想找机会看一下。

PPT上呈现5种学生手机使用的可能性情况：

（1）—（5），自律性依次减弱。

1. 让学生自己分析并对照，教师依次让各种类型的同学举手示意。

2. 预设：（1）—（3）应该都会有同学举手，（4）—（5）相对会少。

3. 教师总结：不同的人对自己的约束程度各不相同；提出并解释"自律"一词的意思。

（**设计意图**：1. 让学生从自己的经验出发，体会和分析不合理使用手机所产生的消极影响。2. 教师从学生的主体意识出发，帮助学生形成道德情感的环节，让学生更易认可正确的观点。3. 让学生了解自己的自律程度，也为下一步引导学生认同学校的做法奠定认知和情感基础。）

（四）**环节四：手机"禁"与"不禁"**

1. 探讨问题：如果学校取消"禁止带手机"的规定，你觉得个人、班级和学校可能会出现什么问题？

（1）学生小组讨论，并汇报结果。

（2）预设：学生会说出某些学生学业会很受干扰、健康和学习氛围受影响、群体压力、产生攀比心理和安全隐患等。

2. 观看视频"解除手机禁令"。

3. 教师总结：因为每个学生的自控力和约束力不同，学校如果不禁止带手机，不管学生选择"带"还是"不带"，都会深受影响，所以学校的"禁令"是最大限度地维护了学生的利益。

（**设计意图**：1. 让学生主动思考"学校不禁止带手机可能出现的问题"。2. 使学生在认知和情感理解的基础上，认同且愿意下定决心支持学校"禁带"手机的规定。）

（五）**环节五：我的手机我做主**

1. 重申观点：手机问题是一个需要约束的问题。

（1）学校禁止带手机，是属于他律。

（2）是否遵守校规，校外是否合理使用手机都属于自律，自律最关键。

2. 解决问题：制定"我的手机使用计划"。

学生小组讨论：设计手机自主使用计划，让自己能够自律管理手机，真正成为手机的主人。（内容可包括时间、地点、场合、用途、监督人等。）

3. 教师总结：为了帮助自己更合理地使用手机，并考虑到个人、班级和学校的整体利益，我们要将自律与他律结合起来用好手机。

（**设计意图**：1. 让学生提出具体的行动计划来真正解决手机问题，引导学生更自主自律地使用手机。2. 帮助学生成为自主自律使用手机的主人，这也是学生品德塑造的一部分。）

参考文献：

［1］张之银.中学生手机使用现状分析——基于上海市五所中学的实证研究［J］.新闻传播，2015（23）：96-98.

［2］郭璐璐.浅析中学生手机成瘾现象［J］.才智，2017（5）：1.

［3］张洪杰.浅谈中等职业学校班级手机管理［J］.职业.2018（25）：54-55.

［4］何树刚.学生手机进校园的"导""管""督"——由"手机风波"引发的思考［J］.教育现代化，2019，6（43）：206-207+211.

学生沉迷偶像

广东实验中学南海学校　张丹愉

【现象扫描】

偶像崇拜，是青少年群体之中的一种普遍现象。青少年崇拜偶像，本质上是将对自身的美好愿景和自我期待投射到偶像身上，从偶像之中寻求自我满足感和精神的寄托。偶像崇拜本是青少年身心发展过程中一种正常的心理诉求，但是青春期的学生正处于思维能力、认知水平半成熟的状态，同时在"同伴效应"的影响下，青少年容易出现盲目崇拜偶像、效仿偶像的行为。

【案例情景】

小鲜肉与老腊肉

周日晚我巡视女生宿舍311的时候，门口六个大字可把我吓坏了，上面居然写着"小鲜肉老婆团"，这是什么情况？

原来，一向乖巧的311宿舍女生们最近迷上了偶像团体TFBOYS，宿舍里偷偷贴满了这三个小鲜肉的海报，而且据生活老师反映，311宿舍女生们午休时间不仅不休息，还群聚讨论小鲜肉们的各种八卦。我把311宿舍成员批评了一顿，要求她们把小鲜肉们的海报撕下来，并把宿舍卫生管理条例重新学习一遍，叮嘱她们要好好学习，不要把注意力放在只有外貌而缺乏内涵的小鲜肉身上。

311宿舍的女生们低着头都不说话，我想她们应该是认识到自己的浅薄和错误了，于是满意地离开了。

可是，第二天311的女生们没有将宿舍墙上的海报撕下来，宿舍长小琳还给我写了一封短信，上面写着："老师，你太out了，像块老腊肉，你根本不了解我们的想法！"

当看到这封信的时候，我既生气又无奈，在脑海中迅速思考：针对学生出现的偶像崇拜现象，我应该怎么办？

方法1：批评指责

把小琳和宿舍成员们叫去级组办公室，站在办公桌前，严肃地对她们进行批评教育。

教师："你们在宿舍墙上贴满了海报，中午还不休息，午休时间讲话，违反了宿舍管理条例，本来老师昨天就可以罚你们写检讨的，已经是对你们网开一面了。"

小琳："老师，在宿舍贴海报和午休讲话是我们不对，但是我们追星并没有问题啊。"

教师："我已经对你们网开一面了，你们居然不但没有认识到自己的问题，还找理由反驳？尤其是你，小琳，你还是学习委员兼宿舍长，不带着舍友们好好学习，居然和大家一起追没有营养的偶像，能给你们带来什么好处？纯属浪费时间！"

小琳：……

教师："这样吧，我再给你们最后一次机会，你们六个人每人写一份检讨书，保证不再在宿舍乱贴海报，午休要保证安静，把注意力放在学习上，不要总是关注什么没营养的小鲜肉明星，不然我就联系你们的家长，把你交给学校政教部门来处理！"

学生们虽然心里不服气，但是碍于老师的威严，更不想被学校管理部门处理，于是回去写了检讨。

但是，检讨书就保证能起作用吗？把学生对偶像的崇拜压抑在心里，真的就能引导学生把注意力放在学习上吗？学生心底不服气，恐怕老师心里更没底气！

方法2：亲其师，信其道

把宿舍学生轮流叫去级组办公室，帮她搬张椅子，面对面坐着，促膝长谈。

教师："我看到你们写给我的信了，说实话，老师看了之后，感觉自己的做法也有不对的地方，不应该对你们那么粗暴。平时你那么认真学习，老师一直很喜欢你，平时也没有批评过你对吧，其实老师昨天是在气头上，希望你能谅解。"

学生听到老师对自己的道歉，心里感到触动："老师，您平时对我们都特别好，这次我们也有做得不好的地方，我们不应该乱贴东西，午休还说话。"

教师："你能认识到自己的错误，说明你还是一个知错就改的好孩子，老师还是会一如既往地喜欢你。"

学生："谢谢老师。"

教师："大家现在正处于学习的关键期，应该要把注意力放在学习上。如果整天把心思放在与学习无关的地方，那么怎么提高学习成绩？将来怎么考上理想的大学呢？"

学生：……

教师："老师是为你好，老师一直特别欣赏你，你学习一直很用功，如果继续保持这种状态，到高考的时候，老师相信你一定会有巨大的进步，你不是特别想考上重点大学吗？老师相信只要你摒弃杂念，专心学习，一定可以实现自己的理想！"

学生："老师，我明白了，从现在开始我一定把注意力都放在学习上，不关注与学习无关的东西，我会努力，不会让您失望！"

教师平时对学生的关心和支持，学生是会记在心里的。如果情感触动效果好，学生的自控能力较强的话，一定程度上可以帮助学生在校期间将注意力放在学习上。

但是，学生正处于青春期，教师压抑学生对偶像的追求和崇拜，让学生只把注意力放在学习上，而不关注孩子的内心需求和情感投射，真的有利于孩子身心的健康发展吗？

方法3：吸取正能量，危机化契机

教师和学生因为对"偶像"的看待方式存在差别而引发这一场师生危机，压抑学生的心理需求和情感投射并不利于青春期孩子的身心健康发展；相反，教师可以利用学生对偶像的崇拜，引导学生以正确的态度对待偶像明星，学习偶像身上的正能量。

理解学生的内心需求，寻找与学生之间的共同话题，是拉近师生关系继而引导学生的第一步。知己知彼，百战不殆，教师先搜集有关学生崇拜对象的资料，并以此为话题，展开一场宿舍内部的"偶像研讨会"。

教师："孩子们，老师为之前对你们的态度感到抱歉，老师尊重你们对偶像的热爱，也想更多了解你们喜欢的这几个偶像，你们能不能告诉我这三个小鲜肉除了帅还有别的优点吗？"

学生争抢着回答："他们的歌好听！""他们舞跳得很棒啊！"

教师："明星唱歌跳舞是本职工作，歌好听、舞好看也不算是突出的优点！"

小雨说："王源是个超级学霸，中考全校第一！而且专业能力特别强，现在还考上了伯克利音乐学院！"

子楠："易烊千玺毛笔字写得非常好，得过好多比赛的金奖呢！"

小琳："王俊凯也很厉害，高考成绩超过了本科分数线98分，考上了北京电影学院！"

子楠："易烊千玺还特别有爱心，他成立了自己的爱心基金，帮助农村留守儿童！"

同学们七嘴八舌讨论展开了热烈的讨论，列举出了偶像身上许多的闪光点。

教师："这样看来TFBOYS确实很多优点，小琳你的分析能力和总结能力都很强，你有什么想法跟大家分享一下吗？"

小琳："老师，我明白了，除了外表，我们也应该关注他们内心值得我们学习的美好品质！"

当下一次巡查311宿舍的时候，教师惊喜地发现，王源的海报上写着"向学霸看齐，向学渣say bye"，易烊千玺的海报上写着"跟着千玺练书法，我也要变王羲之"，门口的大字也由"小鲜肉老婆团"变成了"向小鲜肉学习"。

教育危机的出现也是一次教育的契机，一味地对抗只会让学生和老师的世界越来越远。作为一名教育工作者，我们应该走进孩子们的世界，了解他们的内心诉求，才能化危机为契机，在孩子的世界里带领他们去发现美好！

【问题分析】

以上三个场景给我们展示了教师持不同教育理念时，面对学生偶像崇拜这一现象，采取的归因方法和应对措施都不一样，自然产生的教育效果也存在较大差异。

（一）教师面对学生偶像崇拜现象的常见表现

针对学生偶像崇拜这一现象的处理，教师容易出现的问题往往表现在以下方面（在上述案例方法1和方法2中有所体现）：

1. 以管代教，以惩代育

面对学生出现的问题行为，教师不去深入了解学生问题行为背后的内心诉求，只关注表面的错误，继而以惩罚性措施来对学生提出要求，要求学生更正表面的问题行为。（如方法1中的"我再给你们最后一次机会，你们六个人每人写一份检讨书，保证不再在宿舍乱贴海报，午休要保证安静""不然我就联系你们的家长，把你交给学校政教部门来处理"等。）

这种处理方式在教师群体中还是比较常见的，然而，只关注问题行为，不关注问题行为背后的内心诉求，甚至把学生归为"问题学生"，以检讨惩罚、校纪校规等强势的手段压制、恐吓学生，只能让学生服从于教师的惩戒手段，在一定程度上改正自己表面的问题行为，不能真正促进学生的健康成长。

2. 固守陈念，以堵代疏

有些相对年长的教师，固守自己的生活观念和社会经验，认为偶像明星都是毫无营养的娱乐快餐文化，甚至妖魔化"偶像明星"。面对学生出现的偶像崇拜现象，教师容易采取简单粗暴的"一刀切"应对方法，给学生这一行为下错误的定义。（如方法1中的"不带着舍友们好好学习，居然和大家一起追没有营养的偶像，能给你们带来什么好处？纯属浪费时间！"）

这种处理方式，教师没有关注到学生内心的心理诉求，轻易对学生喜欢、关注的事物作出消极判断，学生会觉得教师"老土""过时"，与教师无法交流。这不仅会拉大教师与学生的距离，消耗教师与学生之间的信任，同时也让教师后续的德育工作更加难以开展。

3. 只谈学习，忽视诉求

北京大学学生心理健康教育与咨询中心副主任徐凯文曾透露，近年来，北大咨询中心每年的咨询量都保持着30%—50%的增长率。越来越多"优秀"的学生出现了"空心"的问题，学生群体中的"空心病菌"已在滋生蔓延。

这也是许多教育工作者在德育工作中经常采取的方式，面对学生的偶像崇拜，许多教育者都将其归为"学习无用术"，要求学生将注意力只放在学习上，而忽视了学生内心的真实诉求和情感投射，不关注学生身心的健康、全面发展，于是培养出了一批批成绩优秀而内心空虚的"好学生"。

（二）教师面对学生偶像崇拜问题应有的思维方式

针对学生偶像崇拜这一现象，教师应有的思维方式，应该包括以下几点。

1. 转变观念，明晰方向

思维偶像崇拜现已成为了中小学生群体中普遍的现象，近年来，不少教育研究工作者对中小学生的偶像崇拜现象展开了调研和分析。据调查，不同于传统的"偶像无用论"，许多中小学生对偶像的定位是"喜欢的形象""奋斗的目标""学习的榜样"。作为教育工作者，要重视偶像对中小学生学习、生活所产生的重要影响，不能采取忽视、摒弃、回避的消极态度。

2. 走近学生，关注诉求

瑞士心理学家皮亚杰认为，青少年的思维是特殊的自我中心主义，师生之间若只有正向或强化性的回应，或以批评为主的教育，会让这些成长中的青少年产生难过、挫败，乃至阻抗等心理因素。教育工作者走近学生最好的方式，就是改变以往简单粗暴的教育方式，关注学生的内心诉求，从而理解学生。

青少年崇拜偶像，本质上是将对自身的美好愿景和自我期待投射到偶像身上，从偶像之中寻求自我满足感和精神的寄托。作为教育工作者，要深入学生的内心，了解学生在偶像崇拜行为背后的心理诉求，才能帮助学生更好地成长。

3. 借助偶像，引导为主

偶像崇拜是青春期的标志性行为，学生会表现出对敬仰人物的迷恋和追逐，但也会表现出盲从，缺乏独立性思考和思辨性思维。因此教师可以引导学生辩证性地看待偶像，学会辨析偶像身上的优缺点。

只有能够激发学生去进行自我教育的教育，才是真正的教育。因此教师还可以利用学生对偶像的崇拜，引导学生学习偶像身上的正能量。让学生自己去挖掘和领悟道理，远比教师的长篇大论更容易让学生接受。

4. 多元偶像，吸取能量

研究表明，青少年偶像崇拜的对象往往是明星崇拜，这一比例远远高于杰出人物崇拜。大众媒体也往往热衷于大肆炒作各种明星的绯闻逸事，给青少年偶像崇拜的选择带来了不利影响。而青少年的发展需要健康的、多元的精神滋养。因此，作为德育工作者要重视帮助学生塑造多元偶像，让科技、艺术等各行各业的精英成为中小学生精神力量、榜样力量的来源。

【对策措施】

（一）深入调查，知己知彼

教师可以采用问卷调查法，了解班级学生偶像崇拜的现状，寻找学生在偶像选择方面的范围、类型和侧重点，才能对学生偶像崇拜现象的处理做好一定的准备。了解了学生偶像崇拜的现状之后，教师也可以注重搜集相关偶像资料，分析学生崇拜对象的优缺点，挖掘偶像身上的闪光点和正能量。

（二）关注个体，挖掘诉求

青少年崇拜偶像，本质上是将对自身的美好愿景和自我期待投射到偶像身上，从偶像之中寻求自我满足感和精神的寄托。对于学生个体，教师可以采取私下谈话法和日常观察法，了解学生崇拜偶像背后隐藏的原因，针对不同的原因采取不同的教育策略。例如学生因对自身外表的不自信而将关注点放在偶像的外貌，教师可以引导学生学会悦纳自我。

（三）小组研讨，明析方向

学生中小范围的偶像崇拜，教师可采取小组研讨法。如方法3中教师采取的方法，在小组内部展开对某个特定偶像的探讨，分析偶像身上存在的优缺点，探讨偶像身上有哪些值得我们学习的地方，并设置一名学生作为总结发言人。在这个过程中，教师可减少自身说教式的发言，充分调动学生发言的积极性，积极听取学生的意见和观点，以平等的姿态与学生进行交流，必要的时候在大方向上对学生进行引领和总结。

（四）班会探讨，增强影响

假如班级出现大范围的偶像崇拜现象，教师可在班级召开主题班会。班会前期教师可提前进行问卷调查，了解学生在偶像崇拜方面的现状；班会过程可以选择"班级辩论会""新闻播报""小组分享"等方式；班会后期可以设置班级偶像文化墙，学生每日在文化墙上分享自己偶像的闪光点，在班级传播偶像身上的正能量，塑造积极向上的班风。

（五）多元偶像，文化育人

偶像身上必定存在着一定的文化价值观，要引导学生形成正确的人生观和价值观，德育工作者就要重视塑造中小学生的多元偶像，在道德、科技、文化等领域挖掘代表性人物的精神力量和榜样力量。可以采取"榜样分享法"，鼓励学生挖掘不同领域的精英人物。还可以采取"榜样推举法"，推举"校园偶像""班级偶像"等，引导学生认识到，只要是在某个领域内有杰出表现的人物，都可以成为我们的偶像。

借助深入调查知己知彼、个体谈话挖掘诉求、小组研讨明析方向、班会探讨增强影响，最后通过多元偶像实现文化育人，这一系列措施，让教师成为孩子"心理上的同龄人"，引导和激励青春期学生在学业和品德上实现"自我建构"，从而促进学生身心的健康成长。

附：主题班会课例

我为偶像代言

一、活动目标

（一）引导学生辨析偶像崇拜的利与弊，明确优质偶像的内涵和范围。

（二）引导学生在学习和生活中，学习偶像身上的正能量，将对偶像的崇拜转化为自身前进的动力。

二、活动过程

（一）偶像分享，激发兴趣

运用小组分享法，推举小组代表，让学生上来展示自己喜欢的明星偶像及喜欢这个明星的原因。分享自身在追星过程中所做的事情和为了支持自己的偶像所付出的时间，以及介绍偶像对自身所产生的影响。

（**设计意图**：以学生分享自然带入主题，引发学生共鸣，激发学生兴趣，更好地调动学生的积极性和参与性，从而引导学生以更积极的状态参与到活动中来。）

教师可在环节末尾进行小结：在同学们的展示过程中，我们发现许多同学喜欢的偶像都是外表靓丽的明星，关注点也更多地放在偶像的外表上。假如我们只关注到了偶像的外表，这能否说明我们对偶像的喜欢仅仅是停留在表层？经过包装、外表靓丽的偶像一定值得我们去崇拜吗？（引出第二环节）

（二）新闻播报，激发思考

（出示课件，呈现新闻1）

新华社报道，某女明星通过电影获得3000万片酬，而她通过拆分合同偷逃税款730万元，另外，她担任法人代表的企业欠缴税款2.48亿元，偷逃税款1.34亿元。9月30日，税务部门向其发出巨额罚单。

教师提问：各位同学，这位女明星是中国娱乐圈最具代表性的美人之一，但是拥有如花美貌的她却出现了偷逃税款的行为，请问这样的明星值得我们崇拜吗？

学生1：不值得，因为税收取之于民、用之于民，依法纳税是每个公民的义务。

学生2：连国家法律法规都不遵守的人，再漂亮也不值得我们喜欢。

（出示课件，呈现新闻2）

"章楷"，一个因杭州图书馆而出名的"网红"，他还有另一个身份："魏丁兆"，默默捐款20年的爱心人。

"魏丁兆"，连他女儿都不知道，父亲居然有这个名字。女儿对父亲曾有很多不满："父亲每月有5000元的退休金，单位给他分了房子，他却喜欢在街上捡垃圾卖。"直到整理遗物时，女儿们发现了老人惊人的"遗产"，多年来的所有误解才解开。

也正是这笔遗产，揭开了这位拾荒老人背后伟大的一生。那笔遗产不是金钱，而是满满一铁盒的收据：希望工程结对救助卡、扶贫公益助学金证书……从上世纪90年代起的每次捐出三四百，到如今的每次三四千，二十多年来，这位拾荒老人光捐款助学凭证，就大大小小几十张。

为了最大程度省下钱，章楷一直住在没装修过的毛坯房里，一张木板床、一个小灯管，再没有其他家具，家里水电、煤气都没通。他过着最低标准的生活，把省下来的所有钱，换成了孩子们的希望。

教师提问：一个拾荒老人，没有光鲜亮丽的外表，他有值得我们学习的地方吗？为什么？

学生：这位拾荒老人虽然不像那些明星一样过着奢华的生活、拥有漂亮的外表，但是他的行为帮助了许多我们的同龄人，让他们能够有机会像我们一样坐在教室里读书，我认为他比一些光有外表而缺乏内涵的明星更值得我们崇拜。

教师小结：是啊，偶像之所以能成为偶像，正是因为他们身上有值得我们学习的地方。我们关注偶像时，不能只看他们的外表，更应该关注内在。一个人，外表可以不美，但只要他品德好、行为正，就值得我们学习。

（三）小组分享，拓宽视野

以小组为单位，组员填写偶像代言卡，列举出自己的偶像身上值得学习的三个优秀品质，与小组成员分享偶像身上最具闪光点的一件事情，并举出其他三个不同领域的值得学习的偶像。

偶像代言卡

我的名字是：＿＿＿＿＿＿＿＿＿＿＿＿＿＿＿＿＿＿＿＿＿＿

我的偶像是：＿＿＿＿＿＿＿＿＿＿＿＿＿＿＿＿＿＿＿＿＿＿

偶像最值得我学习的三个优秀品质：＿＿＿＿＿＿＿＿＿＿＿＿

我还喜欢这三位具有优秀品质的偶像：＿＿＿＿＿＿＿＿＿＿＿

填写完偶像代言卡后，小组成员在内部分享、介绍自己的偶像代言卡所填情况。同时在小组内部推选一名组员作为班级偶像，并推举一名发言人上台向全班同学展示推选这位班级偶像的原因，介绍这位班级偶像的突出特点和优秀品质。

介绍完班级偶像后，每位同学还将选出自己心中的三位班级偶像，写出他们最值得自己学习的地方，将相关信息填写在偶像卡上，时刻提醒自己要向身边的班级偶像学习，并邀请一名同学作为自己的"守护者"，监督自己向偶像学习。

我的班级偶像

我的班级偶像是：＿＿＿＿＿＿＿＿＿＿＿＿＿＿＿＿＿＿＿＿

偶像最值得我学习的三个优秀品质：＿＿＿＿＿＿＿＿＿＿＿＿

我邀请＿＿＿＿＿＿＿＿同学作为我的守护者，陪我一起见证向班级偶像学习的过程。

（**设计意图**：中学生正处于"心理闭锁期"，内心对成年人闭锁，却对同龄人开放。这个时期，同学、朋友等同龄人取代了父母、老师而成为了学生的重要他人。受同伴效应的影响，中学生会效仿身边的同龄人的言行举止。此阶段的学生容易出现盲从，不能较好地辨析同龄人行为的利弊。因此，在班级推选品质优秀或者有突出贡献的同学作为班级偶像，也是为了引导学生向身边优秀的同龄人学习，从而在班级传播正能量。）

（四）多元偶像，文化育人

一场班会课的效力是有限的，后续班主任可在班级开展"偶像文化墙"活动，每周由代言人介绍一名值得同学们学习、崇拜的偶像，拓宽偶像选择的范围，挖掘偶像崇拜的深度，可将领域拓宽到科技、文化、医学、教育、班级、校园、家庭等，引导学生学习这些偶像身上的优秀品质。

偶像文化墙可展示：

1. 香港明星古天乐早年参加某活动，被意外拍到使用老年手机，令网友们十分惊讶。古天乐将省下来的钱用在慈善事业上，令人敬佩，还被央视点名称赞。2018年，他荣获第16届世界杰出华人奖，这个奖项的前任获奖者是袁隆平。古天乐从2008年开始以他个人名义在内地偏远贫困地区捐建小学、教学楼或宿舍，2009年成立了"古天乐慈善基金会"，这项慈善工作到今年已经坚持了十多年。

2. 孟凡超是港珠澳大桥总设计师，从2004年介入港珠澳大桥可行性研究至今，是参与到港珠澳大桥时间最长的设计者之一。港珠澳大桥施工图设计期间，是他工作量最大也是节奏最紧张的时刻，用孟凡超的话说："工程开工，等米下锅了。"曾经连续三个月，孟凡超带领团队起早贪黑赶设计。由于长期疲劳，他生了一场大病住院做了手术，回北京休养了一小段时间。休养期间，他还继续遥控现场的设计工作。不久，他又奔赴现场指导工作。2018年11月23日，港珠澳大桥举行开通仪式，孟凡超两天内第二次走上港珠澳大桥。谈起大桥的开通，他表示："一辈子干这个，为的就是这一天。"

学生经常迟到

广东实验中学南海学校　　李华春

【现象扫描】

2019年9月，我担任初三年级级长，同时接手了初三年级的德育工作。通过入境教育，大造初三声势，强化初三目标、初三速度、初三状态、初三效率，刚开始一段时间，年级级风还比较良好，正当我颇感欣慰时，一个棘手的问题出现了。

年级为了完成中考目标，意图加大时间管理力度，将原来7：10的早读时间改成7：00开始。这一改，出大问题了，全年级除一、三、八、九班情况较好外，其余班级迟到的现象特别严重，有时，一个班甚至达到十多个人迟到，这股风气如果刹不住，就会产生强烈的"破窗效应"，学生的时间秩序将越来越涣散，连最基本的习惯教育都是失败的，更不要谈什么"拼搏初三，奋战中考"了。

于是，我开始着手解决这一问题。

【案例情景】

方法1：制造声势

一天晚上，我利用年级广播进行宣传，从生活习惯讲到纪律意识，从规章制度讲到班级荣誉，从班级风貌讲到中考成绩与前途命运，归结到一点，就是年级为了给每一同学的中考护航，将加大对迟到行为的整治力度。我认为今天的动员工作做得声势浩大，鞭辟入里，明早应该是一个好开头。

第二天早上，我6：55就和学生会的干部在楼梯口检查迟到。7：00之前，绝大部分同学都进到课室开始早读，可7：00以后，依然有30个人迟到，而且，这三十个人集中在6个班（全级10个班），基本上都是年级小有名气的"老油条"。霎时间，我感到尊严受到了极大的挑战，也很愤怒这些人顽固不化、不听教诲，前一天晚上才刚刚烧了第一把火，大讲特讲了纪律和时间的问题，话还没冷，他们就重弹老调、照样迟到。"胆子也太大了"。于是，我准备给他们烧第二把火，好好杀一下他们的嚣张气焰。

我首先通知他们的班主任到场，当着学生的面，跟班主任们唱了一出双簧，询问了他们迟到的理由，得到的答案是"没听到铃声，起晚了"。然后，我狠狠地批评了班主任强调不力和班级纪律松懈、集体责任感差，我试图用对班级和班主任的批评唤醒他们的时间和纪律意识。完毕后，班主任又各自领回自己的学生到足球场去私下交流，我认为，这第二把火烧得够旺的，总该解决问题了吧！

晚上，我又利用年级广播对迟到的同学和班级进行了严厉的批评。

三把火烧完，第三天早上果然立竿见影，全年级没有一个人迟到了！

方法2：以情动人

情况好了几天，迟到现象又抬头了，迟到队伍虽不像原来那么庞大，但也有十多个人，而且，好像是他们商量好的一样，今天是这几个班的同学，明天是另外一个班的同学，几个年轻的班主任被他们搞得焦头烂额。

我想，他们虽然认识到迟到的不对，但毕竟自控力的养成需要一个过程，我心里是原谅他们的。但作为级长，还是要提高他们的认识，以减轻班主任的工作压力，于是，我约谈了这十几名同学。

"你们商量好了没有，明天该谁值班'迟到'啊！"我试图制造一种比较轻松的氛围，用感情俘虏他们。

"噗"的一声，他们全都笑起来了，气氛一下子缓和了许多。

"是不是皮痒痒了，欠抽！管不了几天，老毛病又犯了？"我努力用一种诙谐的威严达到我的教育目的。

"不是的，起床铃响了以后，我是想着起床，可不知怎么的，迷迷糊糊又睡过去了。"

"老师，不是我们想迟到，的确是我们太困了！"

"老师，您能不能早上来叫一叫我们，要是不起来，你就抽我们！"

···········

这帮家伙七嘴八舌，找了好些又好气又可爱的理由，还把我给绑上了。

"晚上有没有聊天到很晚？"我继续打破砂锅问到底。

"没有，我们10：30就睡了。"

"10：30睡，虽然违反制度，也不是很晚。"我心里这样谅解他们。

"有没有半夜起来玩手机？"我还是不太相信。

"也没有，如果老师不相信，可以给我们装一个监控，那样我们就一览无余啦！"一个孩子一脸认真地说道。

我忍不住一下就笑起来了，爱抚似的拍了他一巴掌。

当时我想，这帮孩子正长身体的时候，嗜睡是天性，情有可原但理无可恕，于是，我又从纪律意识的角度狠批了他们一顿，也给他们想了一个办法，我找了一个工作极认真、极主动的学生会干部每天早上去叫他们起床，同时，我们还约定，如果再迟到，就和老师一起跑步5圈，他们也欣然接受了！

整个谈话在轻松的氛围中结束了。这次谈话有了效果，连续一周，整个年级又没一个人迟到。

陶行知曾说过："你的教鞭下有瓦特，你的冷眼里有牛顿，你的讥笑中有爱迪生。"爱是尊重，是理解，是信任，是关心，是宽容，是要求，是奉献。

苏霍姆林斯基说过："有时宽容引起的道德震动比惩罚更强烈。"有了宽容，才能够等待；有了宽容，才能去唤醒；有了宽容，才会教育。

我为自己认识的正确暗自庆幸！

方法3：惩处有力

可是，好景不长，一周过后，那些经常迟到的十几个同学又开始迟到了，我怒火中烧，把他们叫过来。

"知道错哪儿了吗？"

"又迟到了。"

"应该迟到吗？"

"不应该。"

"学生会干部催你们起床没有？"

"催了！准备起床，但迷迷糊糊又睡过去了。"

"怎么办？怎样才能不迟到？你们对得起班主任对你们的感情吗？你们对得起我对你们的宽容吗？"

他们全都无语，惭愧地低下了头，我相信他们的惭愧是真诚的！

"看样子，是我对你们太好了，没让你们疼！"

"上次说过，罚跑5圈，今天加一倍，跑10圈，有意见吗？"

"没有。"

他们跑完十圈后，已经过饭点了，我又从家里拿来水果、泡面让他们感动了一回！

这一次，文火、武火都烧了，还真管了两周，偶尔有一两个人迟到，实属正常，我也就见怪不怪了。

方法4：愈挫愈勇，冷静思考

情况又好不了两周，还是那帮人老毛病还是犯了，大有愈挫愈勇之势，这一次，我没有生气，开始冷静思考，批评了！惩罚了！道理讲通了！情感联络了！问题还是没有彻底解决！问题究竟出在哪儿？怎样才能连根拔除，标本兼治？

我没有立马批评这些同学，而是开始观察他们的生活，同时联系家长、班主任，进一步了解他们的学习、思想状况。

发现一：有的同学学习成绩很差，基本上不学习，上课基本不听，作业基本不做，他们不相信自己会考上高中。

发现二：有的同学能善意地接受老师批评，很讲文明礼貌。

发现三：有的同学自控力不好，跟老师承诺得很好，但自我约束力太差，没过几天，就会出现反弹现象。

发现四：有的同学很爱集体，很讲义气，很重感情。

发现五：有的同学很爱打篮球，傍晚往往到6：30分还在打球，6：45又要进班，吃饭都匆匆忙忙，更别说冲凉洗衣服了。于是，他们往往都是晚自习后才违规洗衣服、冲凉，等把这些事做完后，"睡点"过了，他们哪怕是不讲话，都要到11点多才能入睡。

发现六：有的学生经常趁生活老师休息后，半夜起来玩手机。

发现七：早上起床，值班生活老师只有两名，要巡视七层楼200多个房间，根本没法有效提醒他们。

【问题分析】

根据了解到的情况，我深刻地分析了导致学生迟到屡禁不止的原因。

（一）对前途丧失信心

他们不相信通过自己的努力能考上高中，导致学习动力不足。学习动力不足，生活就越来越懒惰，早上起床，就动力不足，赖床就自然养成了。

（二）生活空虚

这些学生学习上缺乏明确的目标，整天无所事事、极度空虚。精神上越空虚，就会越慵懒无力；越慵懒无力，瞌睡就越多。

（三）时间安排不合理

该洗衣服、冲凉的时候，他们打球；该睡觉的时候，他们则洗衣服、冲凉，导致睡得很晚，早上睡眠不足，自然赖床了。

（四）教育方法不够有效

1. 没找到问题的根本原因

问题的根本原因是这些同学学习上没有自信心，没信心就没有目标，没目标也就没动力；而我们往往着眼于同学们的纪律意识不强和意志不够坚定。

2. 管理方法不够有力

对于这些同学，要早上催促其起床。我想起一位离职教师，曾经每天提前5分钟到宿舍催起床困难户起床，坚持了一个学期，问题得到了解决。可她离职后，这个班那些喜欢迟到的同学又原形毕露了。

3. 教育方法比较单一

对于初中学生的教育方法，赫尔巴特提出的训育方法有以下几种。一是限制。即要求儿童遵守规则。二是赞许（奖励）。通过应得的赞许给儿童以快乐，这是出色的训育艺术。三是责备。"儿童、少年与青年，每个年龄阶段的人都须习惯于忍受其所招致的责备并保持这种习惯，只要这种责备是恰如其分的就可以理解的。"四是惩罚。"谁耽误了时间，就让他失去享受；谁做坏了事，谁就没有资格享受；谁不节制，谁就得到苦药；谁讲话，谁就被逐出教室，到那种每个人都听不到他讲话的地方去；如此等等。"这种惩罚"可以起告诫与使人吃一堑、长一智的作用"。五是建立有益健康的生活制度。这是

"教育的基础，教育的首要准备"。

也就是说，对学生的教育方法要多管齐下，不能简单、单一。回想自己对这一事情的处理，要么盲目宽容，要么就以批代教，以罚代教。好的教育方法要做到管教结合、罚教结合，才能起到以情动人、以威服人的教育效果。

4. 看问题片面

学生赖床迟到和下午的娱乐，以及晚上的休息、班级管理、生活部管理、家庭管理都有密切关系，这些环节必须实现联动，才能产生良好的效果。

5. 没注意到习惯养成的规律

行为心理学研究表明：21天以上的重复会形成习惯；90天的重复会形成稳定的习惯。即同一个动作，重复21天就会变成习惯性的动作；同样道理，任何一个想法，重复21天，或者重复验证21次，就会变成习惯性想法。所以，一个观念如果被别人或者自己验证了21次以上，它一定已经变成了你的信念。

而我没注意到习惯养成的规律，没有在学生坚持不住的时候，主动去提醒、关心、教育，而是在学生的不良行为表现出来以后，才开始关注、处理他们，显然不利于学生良好行为习惯的形成。

【对策措施】

问题梳理清楚了，方法就简单了，我紧锣密鼓地采取了以下办法。

（一）釜底抽薪，从"心"振奋

法国教育家斯多惠说："教育的艺术，不在于传授本领，而在于激励、唤醒、鼓舞。"我召开一个年级大会，安排一些优秀的同学讲讲他们对于迟到和早读的认识；我找了一些优秀的中职学校，介绍了就读这些学校的前景以及他们的录取标准；我还找一些镇属高中，介绍了他们的录取线和就读这些学校的发展；我另外列举了一些学校已有的案例来证明，中考成绩相比平常成绩的飞跃跨度。

我的目的就是要告诉那些无信心、无目标、无动力、瞌睡多的同学，只要努力就会有希望，以唤醒他们的奋斗精神。

（二）集中力量，攻其一点

我布置几个班主任以"迟到，我们迟到了什么？"为主题开了一次班会。各班同学通过班会课加强了对迟到的认识，他们认识到，"迟到"的习惯迟到了集体荣誉、个人尊严、老师期望、家长心血、个人成长、青春梦想……各班还制定一些《早起公约》，把它们编成顺口溜。事后，班主任的汇报令我眼界大开，也给我自己上了生动的一课。学生的思想，就像一股清泉，你善于引流，它就会叮叮咚咚地流向远方；你不善于引流，它就会是一潭死水。

（三）齐抓共管，综合治理

首先，我安排班主任带领学生会成员，加强了下午放学时间的管理，规定六点钟以后不得打篮球，必须回宿舍洗衣服、冲凉。我还让各班的宿舍长考核哪些人在该洗衣服、冲凉的时间没做这些事，哪些人在不该洗衣服、冲凉的时间做这些事。其次，我和生活部、班主任一起维持早上起床秩序，定人定宿舍每天早上值班。此外，我还组织班主任加大了手机的查处力度；和家长沟通，遇上学生迟到的问题，家长要在态度上引起足够的重视；和学生处沟通，对极少数屡教不改的同学，施以严厉的教育处罚。

（四）遵循规律、科学教育

每周结束时，我会将经常迟到的同学找过来谈谈心，在广播上或者在班上肯定他们的进步，并提出一些要求和希望。

【治理效果】

通过整治，那些常迟到的同学，除极个别同学偶尔迟到外，没有严重的迟到现象了。更为可喜的是，这些同学的学习态度也有了根本性的变化。

【案例反思】

教育不是一种简单的活动，它是一种需要用心用情用智的活动，教育要注重"从标看本""从本究标"，标本结合，才能标本兼治。

教育在树人，也在树己，我们每一个教育工作者在教育学生的同时就在成就自己的教育情怀，也是在精彩自己的教育人生。

学生爱撒谎

广东实验中学南海学校　潘正茂

【现象扫描】

诚信是中华民族的传统美德，也是公民的基本道德规范之一。诚信是处理个人与社会、个人与个人之间相互关系基础性的道德规范。综观中学生的诚信现状："个人利己主义""享乐主义"常见，抄作业、考试作弊、讲假话骗取家庭钱物、为逃避惩罚编造谎言、为获得好处主动撒谎等不良风气和行为在一定范围内存在，侵蚀着中学生道德建设，给中学生的成长带来道德危机。面对中学生的不诚信行为，教师需要观察与研判并结合学生的成长背景，"辨病因、辨病性、辨病位、定病机"，才能"据此而立法、处方、用药施治"，更科学地引导学生成长。

【案例情景】

面对说谎的学生

我曾中途接班，担任班主任。我清晰地记得一个场景，开学后不久，历史老师打电话让我立即去他办公室。一走进办公室，我就看见阿杰表情绝望地站立在办公室。我经过询问得知，上周历史课知识点默写，不合格的同学课间到老师办公室重默，阿杰却一直拖延着不去。本周一老师再次提醒阿杰中午放学到办公室重默。阿杰默写时，从口袋里悄悄地拿出准备好的小纸条，压在桌上偷看。历史老师发现了，想收走小纸条，阿杰却激动地来抢。历史老师感觉阿杰的反应有点过激，想要联系阿杰的父母。可是，阿杰说他的父母不在国内，如果要联系家长，可以打电话给爷爷奶奶，并给了历史老师一个电话号码。老师打过去竟然发现电话号码是空号！这之后阿杰还提供了家庭地址，只是，地址稍一查询，就发现是假地址！作为老师，应该如何处理呢？

方法1：当面戳穿谎言

把学生叫去级组办公室，站在办公桌前，严肃地对他进行批评和诚信教育。

教师："你为何要对老师撒谎，你究竟有没有认识到自己错了？如果认识到自己错了，为什么不改正？"

学生："老师，我错了，我下次再也不撒谎了。"

教师："你一而再、再而三犯错误，叫我如何相信你？"

学生：……

教师："你为什么要提供假手机号和假地址？你这完全是自作聪明，你说，你的原因是不是想蒙混过关啊？"

学生："老师，我……"

教师："这样吧，我跟你最后说一次，你再也不要撒谎了，老师都会调查清楚的。你写一份保证书，保证以后再也不撒谎了。不然，下次我就请你的家长来一起谈！"

学生唯唯诺诺地答应了，只是如果下次，他再撒谎，教师该怎么办，谁也想不清楚。

方法2：在关爱中引导

教师："老师一直很关心你的历史课程学习，是否在学习上遇到了困难？"

学生："老师，我也不知道什么原因。"

教师："我们一起梳理一下吧，找到症结才能解决问题啊！"

学生："嗯。"

教师："历史知识点掌握离不开基础知识的识记，你可以利用课余时间、周末时间系统地去背诵啊，我相信你一定可以的。"

学生："老师，我……"

教师耐心地等待。

学生："老师，您知道吗？我其实不想回家！"

教师："我相信你肯定遇到困难，老师会尽量帮助你，并信守你的秘密。"

学生："老师，其实，每次回家，我爸妈都在吵架，他们会为很多小事吵架。我好担心，如果他们知道我的学习成绩不好，他们会吵得更凶。"

教师："我理解你的心情，我知道你这么做也是为了父母关系的缓和。"

学生："谢谢您，我一直很害怕学校处分，这样我的家长知道，就惨了。"

教师："阿杰，如果老师帮助你隐瞒或者你自己隐瞒，就能够让父母关系缓和，老师可以考虑；但你要知道，隐瞒了一时，又如何隐瞒长久呢？"

学生："我是担心这一点。"

教师："或许父母是有争吵，但父母会永远爱你，他们肯定不希望你采用这种方式去哄他们开心，所以，更好的方式是什么呢？"

学生："老师，我知道错在哪儿了，我应该是好好对待历史学科的学习，不该那么贪玩了。这一次，我会跟家长好好谈一下。"

教师："谢谢你对老师如此坦诚！我相信你会做得更好。"

方法3：在家访中找到答案

表面上看，阿杰只是撒谎问题，但"冰山理论"告诉我们，"漂浮在水面上的巨大冰山，只是露在水面上的很小一部分"，阿杰撒谎的深层次原因或许由一个复杂的、涉及多层面的"病理系统"在支持，了解阿杰的成长背景有助于梳理情况，为教育提供科学研判的基础，所以，我决定去进行一次家访。

尽管有了心理准备，但真正走进阿杰的家，还是出乎了我的意料。阿杰跟同学说自己的爸爸是科研工作者，经常会去国外参加研究项目，家境也比较优越。其实，阿杰的爸爸只是一名普通工人，家境谈不上优越。阿杰说，每个周末回家，父母在家，都会详细地询问他的学业，但实际情况是，他的父母，周末也经常加班，很难回家。周末吃饭，也是阿杰自己回家做。严格意义上来说，阿杰其实就是一个城市里的"留守儿童"。孩子讲的唯一的真话就是"父母很关注他的成绩，会为他的成绩而担心"，"如果考试成绩不好，父亲会往死里打孩子"。对此我该怎么办呢？

【问题分析】

学生撒谎是一个复杂的心理过程，实施教育纠正时，不仅要关注学生的显性改变，更要关注学生的心理动态，才能确保教育施策进行复杂性与艺术性的融合。

（一）逃避批评责罚的恐惧心理

父母严格要求孩子，当他们犯了错误时会批评责罚。相对应的，孩子有"自我保护"的意识，害怕自己犯错误被批评责罚，恐惧的心理会迫使他们用说谎来逃避。历史老师想问询家长，阿杰习惯性地撒谎就是为了躲避父母的批评责罚，结果谎言越说越多，为了能自圆其说，只能编更多的谎言来隐瞒事实。

（二）家庭环境是造成孩子撒谎的重要内因

阿杰的父母经常会因教育孩子的理念不一致而争吵，也会因阿杰的成绩不理想而互相埋怨。当父母问询阿杰在校学习情况时，阿杰会"察言观色"，挑选对自己有利的一面说，而父母因为忙碌很少参加家长会，也缺乏主动跟教师沟通的意愿，导致阿杰出现很多次"蒙混过关"。

（三）模仿成人是重要的诱因

孩子说谎还与父母的言行有关，父母不经意在孩子面前说谎，导致模仿。比如阿杰父母承诺"考试成绩进步就带他去旅游一次"，阿杰通过努力进步了，父母却以"工作忙，没时间去旅游"而搪塞。父母这些不守承诺的表现，会导致孩子模仿。

（四）缺乏合理的引导是问题重复的推手

教师在面对学生撒谎问题时，可能更多地立足于解决学生的学业问题，忽视了学生问题背后复杂的心理机制，没能从根本上解决学生的成长"痛点"。有时，教师在没有充分观察与研判，而是根据"臆断"，采取逼迫学生写下"保证书"的做法，实则是逼着学生进入下一轮"撒谎"。

【对策措施】

对于学生撒谎，教师可以从以下三个维度进行引导：

（一）家校联系，及时疏导

发现学生有说谎的苗头时，要及时进行家校沟通，探明事情的缘由，及时纠正学生的错误，正面教育学生，不让学生钻空子，不养成学生在学校和家里两面说谎隐瞒的坏习惯。

（二）价值渗透，主题班会

把握契机，渗透诚信教育。如班主任可以通过举办诚信辩论赛、故事大会来感染学生；通过生动的诚信视频资料来引导学生；可以在班级通过名人言行的宣传来提醒学生。班主任还可以开展以"诚信"为主题的班会系统地引导学生理解诚信的可贵。

（三）淡化错误，合理引导

学生往往是因逃避责罚的恐惧心理、获得关注的需求心理、逃避责任的懒惰心理等而说谎。孩子在说谎后也会感到害怕和后悔。老师不可仅关注孩子说谎的错误，而应正面引导孩子，给予孩子改正的机会，让孩子明白诚信更可贵。

对于学生撒谎，更要关注源头，通过家校共建来引导家长成为孩子的"良师"。

1. 以身作则，做好榜样

父母是孩子的启蒙老师，在孩子面前做到言行一致、信守承诺，能给孩子树立诚信的榜样，学校可以通过家长会、家长讲坛、家长沙龙渗透先进的家庭教育观念，引导家长成长。

2. 尊重孩子，平等沟通

父母的教育理念要统一，尊重孩子，多和孩子沟通交流，关注孩子的心理健康。不要只对孩子提出过高的要求，动辄责罚、打骂孩子。父母应用心去倾听孩子的"谎言"，从中读懂孩子想要表达的真实想法，帮助孩子解决问题。

3. 培养兴趣，转移注意

父母有时过于看重孩子说谎的事，在亲友面前数落孩子的说谎行为，导致孩子产生逆反心理。父母不要紧盯孩子的错误，应正面引导，培养兴趣，转移孩子注意力，让孩子全面发展。

教育实践中，阿杰"撒谎"的教育纠正并非一帆风顺，经历了长达2年的耐心等待，阿杰才逐渐改变了这个坏习惯。通过家校沟通，在不断的家访中，家长逐渐理解教师的教育诚意与教育目的，对待阿杰的成长问题能够更加理性去对待；而在学校教育中，教师对于诚信教育的系统引领，营造班级诚信氛围，让学生理解诚信的可贵，班级文化的形成进而潜移默化地改变着阿杰，班级不再以攀比炫耀为荣，阿杰能够真实地分享自己的家庭；当学业受挫时，教师耐心地引导，有效地缓解了阿杰在学业上的焦虑；在家校沟通上，教师的真诚与扶持，让阿杰的父母能平和地看待孩子成长中的问题，不再借助于暴力手段。通过一系列的主题活动实现认知引领，探明学生深层次的"病因"，在此基础上，通过家校互动与共建，引导家长以更加理性而科学的方式对待学生成长中的问题，形成共识与思维合力，进而促进学生行为改变，引领学生养成良好习惯。通过这一过程，最终回归教育的目的：推动学生自身的不断成长和完善。

附：主题班会课例

以诚载信，行能致远
——"智慧处世"主题系列班会（一）

一、背景分析

学情分析：研究高中学生对社会主义核心价值观之一——"诚信"的理解，探究高中学生在为人处世中对"诚信"的认知状态，以此作为班会课的实施背景。

课程分析："智慧处世"是以构建价值观为主线的校本课程。课程以"走近智慧、立德树人"为主旨，形成"个人·体悟""外在·发现""社会·践行"三个板块，从自身的认知到实际的践行，聚焦身边为人处世的言行。

材料选取：借助中国传统文化对诚信的诠释，以校园情景剧为媒介素材，在潜移默化中渗透式解读，引导学生在为人处世中形成积极的"诚信观"。高二学年将开设"以诚载信，行能致远""难得糊涂""谦虚其实是机缘"等主题教育，"以诚载信，行能致远"是系列主题教育的第一课。

二、教育目标

认识目标：诚信是一个道德范畴，是公民的第二张"身份证"。"以真诚之心，行信义之事"是为人处世的准则。引导学生理解诚信在为人处世中的重要性，在思辨中明确诚信的智慧力量。

情感目标：把好"诚信"这一价值观在为人处世中的情感维系关；引导学生去践行诚信意识；构建与他人、社会交往的准则。

行为目标：引导学生从"用眼睛发现，从身边做起"这两个方面去践行社会主义核心价值观。

三、教学重点

引导学生领悟"体验诚信"与"智慧处世"的思辨关系。

四、教学难点

理论化说教、道德制高点、禁止式训话等教育方式，学生从情感上会本能抗拒；采取情景交融式的引导、思辨式的阐释，可以在情景迁移中构建理性自觉、形成并践行学生主体的"诚信观"。

五、教学过程

（一）明是非，感守诚守信之重

（**设计意图**：道德具有很强的情境性，脱离丰富的生活场景抽象而成的道德教条，既无法让学生感受到道德的生活价值，也无法在复杂、多元的实际生活中形成正确的道德判断。用一个实际的问题情境导入，既可以淡化学生"被教育"的意识，减少他们的抗拒心理，同时由于情境的生活性和冲突性，可以吸引他们积极地参与到讨论之中。）

环节一：教师导语。"诚"与"信"作为伦理规范和道德标准，千百年来一直是中华民族道德建设的核心元素。在如今快速发展的社会中，我们的身边却仍然存在有失诚信的现象。教师提出问题：你有被谎言欺骗过吗？请你说说看。

环节二：师生互动。学生发言，谈论自己被谎言欺骗的真实经历，并谈谈那样的经历给自己带来了怎样的"痛感"。

环节三：教师自述。教师讲述自己被谎言"欺骗"的经历，并引入下一个问题：失信会带来什么后果？学生思考，教师出示PPT："个人信用档案"在中国的问世，让学生从意识形态上认识诚信的重要性。

（二）析实例，谈失诚失信之因

（**设计意图**：通过探讨，班主任利用观点的冲突组织讨论，让各种观点自由、真实地表达、碰撞和交融。学生当前的道德水平与我们的道德要求之间存在着差距，学生要从较低的道德水平进入较高的道德水平，必然需要一个"解构—建构"的过程，而"解构—建构"的必要条件就是冲突。营造民主、宽松的氛围，组织基于冲突的有效讨论，让学生真实表达自己的观点，暴露自己的思想。）

环节四：实例分析。教师以"南京冠生园陈馅事件"和"烽火戏诸侯"的案例分别探析失去诚信对于企业、对于国家的严重危害。

案例（一）：作为老字号，南京"冠生园"的月饼深受百姓喜爱。随着时间的推移，公司心态发生了转变，开始考虑如何降低成本以提升利润，并开始用陈馅翻炒后再制成月饼出售。有消费者碰巧吃到了仍在保质期内的霉变馅，并举报到央视。媒体经过调查，于2011年中秋节前将该事件曝光。一时举国哗然，痛斥其无信之举。其月饼顿时无人问津，其他产品如元宵、糕点等也很快受到"株连"，没人敢要。八十多年的老字号就这样轰然倒塌了，再也无力回天……

案例（二）：西周时的周幽王，为了搏褒姒一笑，听信谗言点燃了烽火台，戏弄诸侯，因而导致失信于诸侯，最后被犬戎大军攻破首都镐京，周幽王自己也被杀。

学生思考："既不利人，也不利己，为何轻易丢掉诚信？"

引导学生探讨，失诚与利益的关系，但这种利益观是人性的缺点，趋利避害是人的天性，引导学生理解，利害的背后，还有着更深远的人生格局与为人处世的智慧。

（三）看今朝，立有诚有信之我

（**设计意图**：通过对案例的再次反向思考，认识到材料中的矛盾之处，经过学生自己的理性思考，并自主选择的道德观才能内化、践行。只有开放的、选择的、思考的"实然"，才能成为"应然"。为了保证讨论的聚焦性，让学生从对该同学的负面影响、对其他同学的负面影响、对班级的负面影响三方面分析"失"。讨论后，学生得出结论。）

环节五：再问再思。试想，假设南京"冠生园"的馅料问题没有被央视曝光，这批产品销售后，也只有零星的客户投诉，公司也都进行了理赔，没有造成恶劣影响。后来公司启用了新的生产标准，冠生园的口碑也越来越好，公司也越来越壮大。你对此怎么看？

你对此怎么看？

学生思考并谈论自己的看法。教师充分尊重学生的观点，让其进行充分地呈现，因为社会现实并非所描述的那么美好、单纯，社会其实是一个是非、真假、美丑、善恶共存的世界，学生要对是与非、美与丑、善与恶进行判断。

最后展示"身边的小事"这一小故事，引导学生把目光聚回到自己的身边，在情感共鸣中，又有自己的体悟。

当教师就"团徽"事件让学生再次表决，接近一半的同学都选择了"会这样做"，认为还是不舍得让班级扣分，先保住分数，然后吸取教训。学生的答案让老师有些遗憾，但又因为学生没有为了附和老师和其他同学而违心地表态感到欣慰，这同样是诚信的一种体现。而且，奢望学生通过一堂课能真正转变认识也是不现实的。能激发学生思考，并有那么一点感动、感悟就是成功的班会，毕竟，道德需要我们花一辈子来培养。

环节六：师生总结。康德曾说："这世界上只有两种东西能引起人内心深深的震动，一个是我们头上灿烂的星空，另一个是我们心中崇高的道德。"我们仰望苍穹，天空依然璀璨明朗；俯察内心那些崇高的道德，尚需要我们努力去践行。或许，我们会因为诚信暂时"失去"眼前，但请你相信，以诚为本，以诚载信，内诚于心，外信于人，你一定会收获更多，一定会赢在未来，诚信是为人处世的智慧。让我们与诚信同行，去构建一个诚信的社会，一个诚信的国家！

六、板书设计

以诚载信，行能致远

——"智慧处世"主题系列班会

"失信获利——看得见、走不远，小伎俩"

"失信立德——看不见、走得远，大智慧"

七、教学反思

许多道理我们都知道，有时却难以做到，价值观的话题，就是如此。如果面向高二学生，这节班会课该如何去上。

我查阅了很多的书籍，也观看了很多视频，这对我初步建构"诚信"价值观的知识体系，加深对诚信的理解非常重要。但问题在于，这个话题，知易行难。因为我们面对的是世界观较为成熟的青年，他们不缺认识，缺的是对生活的深层解读与引导、体验与反思。道德不是被教会的，而是学生在与外部环境的互动和与自己内心的对话中主动建构的。

因为，以思辨的方式去引导，是这节课的主体建构方式。所以我通过一些精心设计的具有思辨性的问题和根据学生的反应生成的道德追问，提供给学生一些思维的梯子，引导学生全面、客观、辩证地分析问题，并领悟到道德的价值。

在讨论后沉淀下理性的思维方式，可以培养学生的道德判断能力。在今后生活中遇到类似的情境，学生能够作出正确的道德抉择。让学生对导入环节的"校徽风波"进行得失分析，以验证学生是否已经初步形成了理性、辩证看待实际问题的思维方式和运用能力。

在谈论"团徽"案例时，一半以上的学生选择"以谎言来面对"，即使教师引导过后，学生仍然不改初衷。这一方面说明了教师的引导力还不足，但另一方面，也说明了学生的坦诚、诚信。其中一个女生说，老师，这个案例就是我啊，我在初中时就是如此做的。我问如果再次遇到会如何，她的回答是，还是会吧。

想来，一节课解决一个核心价值观的问题，其实也是不现实的，能触发学生思考，并有那么一点理解、感悟就是成功的班会，毕竟，道德需要我们花一辈子来培养。

学生坦诚的"不配合"，为下一次的探讨创设了条件。

下篇

人际交往案例的
多维解析

学生不想和家长沟通

广东实验中学南海学校　欧伟君

【现象扫描】

处于高二学年段的学生，学业压力逐渐增大，情感上由对父母的依赖逐步转向对同伴的倾诉。进入青春期，学生随着身心和思维的发展，心理活动开始转向自身的内心世界，容易变得敏感。另外，在这个特殊的阶段，如果家长没有意识到并接受孩子的转变，没有及时调整沟通方式，则容易出现亲子关系的紧张，许多孩子反映与家长无话可谈，尤其男生与母亲之间。

【案例情景】

一个平常的周五晚上，21∶30，学生都已放学回到家中。

"叮铃铃、叮铃铃"，电话响起，是小明的妈妈打来的。

"老师，我家小明回家吃过晚饭后就把自己锁在房间，不跟我交流，微信也把我拉黑了，他好像很生我的气，怎么办啊？"

联想到前一天晚上，小明妈妈与我交流的那一通电话，我似乎明白了小明为什么有这样的表现。

我给小明的微信发了条信息："小明，我理解你此刻的心情，要不尝试静下心来和妈妈聊聊？"

小明回复："我不想和我妈说话。"

这还得从事情的起因说起。开学初，小明与一位女生去看演唱会，歌者是两人都喜欢的外国歌手，两人都喜欢通过听英文歌的方式交流英语。期中考试，小明成绩退步了，小明妈妈认定小明肯定是在和这位女生交往，于是在两名同学不知情的情况下，打电话给该女生妈妈，让女生妈妈也劝说女生不要与小明接触太多，双方应以学习为主。为此，两位同学都感到很委屈。

一边是家长求助，一边是孩子拒绝沟通，面对这种情况，我脑海里不停地思考我该怎么做。

方法1：苦口婆心劝说

教师："小明啊，你得明白，妈妈所做的事情，出发点都是为了你，她担心你在求学的关键时刻掉链子，你要多站在父母的角度去思考问题呀！"

小明："老师，那谁站在我的角度思考问题？她有没有想过她那样做，会让我在同学面前抬不起头来？"

教师："是，你妈妈的处理方式是不太对，但她也是为了你好。"

小明："老师，您怎么跟我妈说话方式一模一样……"

这种方法，往往是家长常用的，但从教师的角度来讲，了解了事情的来龙去脉后，也明白孤掌难鸣的道理，如果还是一味苦口婆心劝说，恐怕只会起到反作用。

方法2：语重心长讲道理

教师："小明，沟通是解决问题的有效方式，只有通过和妈妈静下心来沟通，双方敞开心扉把介怀的事情说出来，才有利于问题的解决。"

小明："可是，我太难和我妈妈这样性格的人沟通了，她多疑敏感，遇到事情宁愿猜测也不和我先交流。"

教师："所以，你要踏出沟通的第一步，主动去和妈妈说清楚，一定要学会沟通，这样我们才能够共同促进双方关系。"

小明："好的老师，我试试吧。"

这种方法，是通过讲道理让小明明白沟通的重要性，小明最后也答应去和妈妈沟通。但是，老师只是和学生说明了要去沟通，至于沟通的方式及从哪些问题作为交流的切入点，却没有给出具体的指引。因此，最终沟通结果会是如何，老师心里是没底的。

方法3：积极聆听，搭建双方沟通的桥梁

学生回校后，教师找个时间与学生面对面交谈，可以与学生一同到操场散

步，或者找个安静的地方坐下，营造一种相对轻松的谈话气氛。这是回校后与学生的第一次交谈，采取《T.E.T.教师效能训练》中积极聆听的策略，听取学生内心的想法。

小明："老师，您也了解了事情的来龙去脉吧？"

教师："嗯。"

小明："我妈就不应该那么冲动给对方家长打电话，还连续两次，搞到现在我和那位同学见面都很尴尬。"

教师："（点头）所以现在和同学间这种尴尬的局面，令你感到很难受。"

小明："对啊，每每想到这儿，我就觉得我妈很不理解我。"

教师："（点头）你觉得妈妈不应该贸然给对方同学家长打电话。"

小明："是啊，至少得先问我一声啊，我和那位同学之间的关系真的不是她想象的那样。"

教师："嗯，你觉得妈妈应该先跟你沟通。"

小明："是的，这回她得先跟我道歉，否则我不会理她的。"

教师："嗯，如果妈妈跟你道歉了，你就可以和她进一步沟通了？"

小明："算是吧，得先由她来找我道歉。"

从此次谈话中，我获得了两个关键信息。第一，目前让学生很介怀的，其实是他与那位同学的友谊遭到破坏，这种场面令他很难受。第二，小明并非之前就完全不愿意和妈妈沟通，但事已至此，他需要的是妈妈先道歉，其实，他需要的是妈妈的理解，是妈妈先走出沟通的第一步。

目前，小明在等待妈妈的行动，而小明妈妈也在等待小明的回应，因此，架起双方沟通的桥梁，是解决矛盾的关键，而我将帮助他们建造这座桥梁。我给小明妈妈打了一通电话，告诉她小明内心的想法。小明妈妈哽咽了，她也觉得自己一时冲动给对方家长打电话的做法是不尊重两位孩子的方式，为无形中对孩子造成的伤害感到很抱歉，同时她也说这样做的初衷，是看到小明期中考成绩退步，内心十分焦虑，才会有这样的做法。

两天后，小明主动找到我，跟我说妈妈写信和他道歉了，他也打算周末回家静下心和妈妈谈谈。其实站在妈妈的角度，小明能理解妈妈，同时心里很愧疚，不应该那样责怪妈妈。

【问题分析】

根据以上情景，我们可以看到，现阶段学生在面临较大学业压力的同时，也面对着情感关系的转移与自我认同感需求的增强。而家长也同样焦虑，担忧孩子的学习成绩、担忧孩子的交友处事。当双方不能接受对方的转变，"青春期遇上更年期"的问题则一触即发。面对以上情况，作为教师尤其是班主任，在不同教育理念或风格的引导下，会产生不同的教育方式。

（一）教师面对亲子矛盾问题的常见做法

1. 简单归因法

如方法1，教师跟学生说要体会母亲的不易——"一切都是为了你"。这种做法无疑是把学生推向了对立面，加重了学生的心理负担，使之觉得自己是不可被谅解的。当他与家长关系出现矛盾，希望寻求出口的时候，教师把师生沟通这条路堵住了，他只能向朋友或他人去寻找出路，甚至有可能封闭自己。无论哪种结果，都是不利于解决矛盾的。

2. 片面劝说法

如方法2，教师告诉学生沟通的重要性。其实作为高中阶段的学生，他们都懂得基本的道理，关于沟通是解决问题的关键等此类观点，他们都明白。

这种方法在平时的德育教育中是比较常见的。如学生没有完成作业，教师就会跟学生强调写作业的重要性、考高分的重要性。如学生上课迟到，教师就会跟学生说准时到课堂的重要性、个人浪费一分钟等于浪费集体四十分钟等。

道理要讲，只是解释了"为什么"作用不大，关键还得给出"怎么办"。方法2中的做法，缺乏理智分析事情的根源，没有给出沟通方式的建议，也没有指引学生和家长该从哪些方面着手解决问题，如何去踏出沟通的第一步。因此，这种做法是不够全面有效的。

（二）教师面对亲子矛盾问题应有的思维方式

1. 积极聆听，尊重对方内心的想法

相对一面性地说教或消极聆听（沉默）而言，教师可以采取积极聆听的策略，不评判、不定论，引导对方说出他内心的想法，如方法3中的对话，正是在该策略指导下完成。知道学生的真实感受后，应予以尊重。同时在与家长沟通

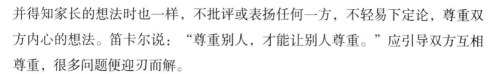

并得知家长的想法时也一样，不批评或表扬任何一方，不轻易下定论，尊重双方内心的想法。笛卡尔说："尊重别人，才能让别人尊重。"应引导双方互相尊重，很多问题便迎刃而解。

2. 摆正位置，架起双方沟通的桥梁

当家长与学生双方僵持不下的时候，他们缺乏的是获知对方内心想法的渠道，因此班主任此刻应起到桥梁作用，初步帮助双方了解对方的想法，引导两方明白从哪些方面着手沟通。我们不需要代替任何一方去为另一方求情或说教，处理需求冲突问题时，双方应协力寻找一个彼此都可以接受的解决方案，没有任何一方输，这才是有效解决问题的共赢方式。

3. 侧重教育，明确事情的德育作用

德育无小事，所有在校内或校外，发生在学生身上的看似与学习成绩无关的事情，其实都是德育的宝贵时机。对于任何德育事例的处理，最终都应起到教育学生、帮助学生更好成长的作用。当学生犯错，班主任的第一反应不要总是"我要如何惩罚他"，可以换一种思维方式，比如"我可以如何帮助他"。在这种思维的引领下，我们自然会去分析原因并积极寻求对策，且是用双方都乐于接受的方式解决问题。

在这个事情中，班主任进一步与学生沟通，帮助他寻求方法解决内心关于交友和亲子沟通的疑惑，分析期中考成绩退步的原因，最终促进亲子关系的发展与家校的和谐沟通。

【对策措施】

（一）共同分析原因，共寻解决办法

如方法3一样，教师与学生一同分析原因，理解学生内心的想法。案例中，小明提出妈妈的做法导致目前他和同学关系僵持，失去了一个好朋友，他需要妈妈先道歉。教师从中知道，令小明在意介怀的是这段友谊可能无法持续，如想打破母子僵持关系，还需先从妈妈入手。于是班主任联系妈妈，告知她小明的想法，以妈妈为出发点缓和母子关系。

接下来，教师还应做两件事。一是与小明共同探讨缓和同学关系的方法；二是分析期中考试退步的原因，做好下半学期的增分学习规划。老师始终保持

"如何帮助"的心态，不越俎代庖、不偏不倚，共寻双赢方法。

（二）架起沟通桥梁，让学生邀请家长参与学习

解铃还须系铃人，亲子之间的沟通问题，需要亲子双方解决，由教师架起沟通的桥梁。教师获悉小明母子双方的想法后，在尊重小明意愿的基础上，约谈了小明妈妈。一个周五的下午，在老师的主持下，小明与妈妈一同坐下来商量，坦诚相待。

教育教学中"Get involved"的理论，指的是让外部的人有参与感，从而建立安全感。教师建议小明开展学习计划时，邀请妈妈一同参与其中，一来可以加强双方的沟通联系，二来可以增强彼此的信任感。如，小明计划周末学习时，由妈妈帮忙掌控使用手机的时间。

（三）展开问卷调查，召开主题班会，促进亲子关系

青少年时期的学生，开始逐步用批判性的思维角度来观察和评论周围事物，有其独特见解，试图挣脱从小父母给予的保护圈，因此较易与父母产生沟通矛盾。借小明的案例为契机，教师可以在班级范围展开问卷调查，了解班级学生和父母目前的亲子关系、存在的待解决问题，引导学生积极正面地直面问题，不逃避。该问卷也邀请家长共同参与，互相发现问题和解决问题。

探讨"青春期撞上更年期"期间，青少年如何更好地与母亲相处，以学生的自我感受和自我体验为主体，以积极的态度发现问题并解决问题。邀请家长共同参与，倾听孩子的心声，同时也表露家长的心声。

附：主题班会课例

"融洽亲子关系、携手家校共育"班会课

一、班会目标

（一）引导学生理性地分析看待问题，认识并悦纳自身成长，调整与家长的沟通方式。

（二）突破说教式的要求学生感恩父母的老套设计思维，实实在在地架起沟通的桥梁，家长从一头走过来，孩子从另一头走过来，直面问题、理性探讨，促进亲子关系的和谐发展，助力班级成长。

二、班会准备

（一）设计调查问卷

全班学生以小组合作的方式设计问卷问题，最终汇总，以班级为单位制作调查问卷，交由母亲回答。调查问卷如下：

亲子关系班会课·调查问卷

亲爱的＿＿＿＿＿＿同学妈妈：

为了拉近家校距离、促进孩子与家长的和谐感情，为家校共同教育孩子携手合作，我班正在开展"融洽亲子关系·携手家校共育"系列班会课。关于和谐亲子关系话题，您的孩子正积极正面地回应，希望也得到您的支持，请您百忙之中抽出一点点时间完成以下调查问卷，并交由孩子带回学校。以下20个问题皆出自我班全体同学，是孩子共同的心声：

1. 您孩子喜欢吃/不喜欢吃什么？

2. 您孩子最好的朋友是谁？

3. 您孩子追星或喜欢动漫吗，您孩子的偶像是谁？

4. 您孩子的兴趣爱好或者特长是什么？

5. 您孩子的理想是什么？

6. 您最欣赏您孩子的哪些方面？

7. 您不喜欢您孩子的哪些方面？

8. 您孩子最看重什么？

9. 如果孩子谈恋爱，您会怎么做？

10. 您孩子心情不好会做什么事情？

11. 您孩子最近一次哭是因为什么？

12. 您孩子最讨厌您对他/她做什么事情？

13. 您觉得您伤害孩子最深的一件事是什么？

14. 您对孩子的承诺都兑现了吗？

15. 您孩子是否有过心理问题，如产生自杀、自残等想法？

16. 您与孩子分开多久后会非常想见一面？

17. 您一个周末有多少时间陪孩子？

18. 如果您的孩子不是独生子女，您是否能让您的孩子感觉到被公平对待？

19. 您经常和孩子沟通吗，怎么沟通？

20. 您的孩子是您的骄傲吗？

（二）统计调查问卷

由孩子依据问卷答题情况，给母亲对孩子的了解程度打分。依据打分情况，筛选出最想探讨的问题和最令人满意的答卷，以备班会课使用。

调查问卷结果显示，母亲普遍回答不够准确的问题有以下四个：1.您孩子心情不好会做什么事情？2.您孩子最近一次哭是因为什么？3.您孩子最讨厌您对他/她做什么事？4.您孩子的理想是什么？

另外，学生还想与母亲探讨关于周末在家使用手机的问题。

（三）邀请家长参与班会课，确定发言的家长

依据调查问卷的打分，选出两份作答最令孩子满意的答卷，邀请这两位同学的家长到班级参与班会课，谈谈平日她与孩子的相处之道以及在这段关系中做了哪些努力。

（四）母亲节活动

正值5月12日母亲节，鼓励学生以实际行动如写卡片或亲自下厨炒一道小菜等方式表达对母亲的爱，并主动与母亲拍一张合照上交班级。同时也请母亲积极回应孩子，悄悄地写一段想对孩子说的心里话上交班级。

三、班会过程

（一）直面问题

1. 学生声音：我妈妈不太了解我

本环节由学生自由发言，说说平时生活中与母亲产生的一些矛盾，问题主要聚焦于周末使用手机，同时学生表达理想中的相处方式。

接下来就此问题，由两对学生带来情景表演：

小剧场1：一对母子因孩子使用手机问题剧烈争吵

小剧场2：一对母女就孩子使用手机问题平和沟通

情景表演过后，学生自由讨论：为什么同样的问题，两个家庭的氛围相差这么大？原因是什么？有哪些值得借鉴的地方？

2. 家长声音：我孩子不太理解我

本环节由家长发言，说说平时生活中与孩子相处时所产生的一些分歧，表达了家长的焦虑，如孩子不爱与父母多交流，经常摔门或闭门于房间不出来等。

3. 主持人提问：如果换一个妈妈/孩子，你愿意吗？

这是一个关键性的提问。前面的两个小环节中，家长与学生都分别畅所欲言、直接提出了相处时的矛盾，也表达了心中的焦虑和不满。那么，既然如此，如果把现在的妈妈或孩子换掉，你是否愿意？

家长和孩子陷入了思考，但半晌后，他们都给出了十分笃定的答案"不愿意"！发言所呈现的原因主要是：尽管缺点很多，你仍是我最爱的孩子/妈妈。

（设计意图：本环节学生与家长双方畅所欲言，当面吐露心声，让双方知道平时对方介意的关键点是什么。引发学生与家长思考，即便有时觉得互相看不顺眼，但心底里仍觉得对方是不可替代的。）

（二）解决问题

1. 学生发声：妈妈，我说给您听

屏幕呈现统计的调查问卷中最需共同探讨的四个问题：（1）您孩子心情不好会做什么事情？（2）您孩子最近一次哭是因为什么？（3）您孩子最讨厌您对他/她做什么事？（4）您孩子的理想是什么？

学生就以上问题吐露真实的心声，家长聆听。

2. 家长发声：孩子，我说给你听

家长倾听了上面环节的孩子的心声后予以反馈，并表达了自己的心声，如希望孩子考试过后能主动与家长交流，遇到问题不要以一句"你不懂"搪塞妈妈并闭门不出。家长也说出了每当与孩子发生冲突后内心的懊悔和难受，大人有大人的生活压力和不易，希望互相能多点互相体谅。

3. 学生与家长：我可以做得更好

本环节由学生和家长面对面促膝而坐，就一些重点问题如手机使用等进行平和探讨，共同分析事件的起因是什么、双方如何处理、矛盾是怎么产生并升级的、可以怎么更好地解决。家长与学生平等沟通，分别从自己的角度思考怎么可以做得更好，还有哪些需要改进的方面。

（设计意图：搭建平台，让学生与家长共同探讨解决亲子矛盾的办法，营造平等沟通的氛围。）

（三）我们的美好

本节班会课在周一开展，而刚刚过去的周日恰好是母亲节。抓住这一机会，班级布置学生上交一张与妈妈庆祝母亲节的合照，也请家长悄悄写一段给孩子的寄语上交班级。

1. 学生提供的合照：我与妈妈的温暖定格

本环节通过屏幕展示了所有孩子与母亲的合照，主持人解说每张照片的含义，如某位同学亲自下厨给妈妈做了可乐鸡翅，希望妈妈天天快乐；某位同学给妈妈写卡片，感恩母亲的付出等。

2. 家长提供的寄语：我心头的宝，妈妈想对你说

本环节对学生们是一种惊喜，屏幕上展示了以不同形式呈现的家长寄语，如手写信件、制作卡片、作画、录音、录视频等，主题是妈妈表达对孩子的支持与爱护，鼓励孩子奋力拼搏、活出不悔的人生。

（设计意图：借母亲节这一特殊的日子，给生活增添仪式感。并且在这仪式感之下，家长和学生互相表达爱意与关心，让双方知道，无论何时，对方其实都在支持着自己。）

（四）家长代表发言

在之前的调查问卷统计环节中，我们依据调查问卷的打分，选出两份作答最令孩子满意的答卷，分别邀请了杨同学和王同学的妈妈到班级参与班会课并发言，谈谈平日她与孩子的相处之道以及在这段关系中双方做了哪些努力。以下是家长发言的部分摘录：

杨同学的妈妈：

我们的关系是比较简单放松的，不能见面的日子里在电话中分享学习工作生活中遇到的问题，每天晚上拨一通晚安电话……但人和人之间的相处，矛盾和冲突都是不可避免的。在遇到冲突的时候我们应冷静，不要语言暴力，成长是允许犯错的；我不会把她和别的孩子比较，不用分数去衡量孩子，每一个人都有自己的闪光点。还有保持适当的距离，家长不要围着孩子转，自己要认真地工作，有自己的兴趣爱好，才不会和孩子的距离越来越远。

王同学的妈妈：

一个周末，孩子突然问我："妈妈，人为什么要活着？"为了回答这个问题，我阅读了与子女教育相关的书籍《犹太人给子女的忠告》《洛克菲勒给儿女的一生忠告》。孩子随着年龄的增长，进入青春期，我也主动参加一系列的课程学习，如《非暴力沟通》《无条件养育》等让自己和孩子能友好相处。我们共同成长，携手而行。

（**设计意图**：这两位家长与孩子的平日相处方式，是班里学生共同认可的。邀请这两位家长到场与其他学生和家长分享她们与孩子的相处之道，可以给更多家长提供有益的指引。）

四、班会小结

本节课的课堂设计是先抑后扬，暴露冲突、呈现问题、解决问题、展现美好的亲情，最后拿出实际行动。学生与家长准备充分，素材丰富，每个环节的引导都能使双方有思想火花的碰撞。希望在课堂上学生和家长能有更多的自然生成，有现场冲突的班会课会使课堂参与度大大提高。

家校共育背景下的班会课程有利于推进家长学校的建设，除了约家长谈话、微信交流、开家长会等常见的方式，本节以"融洽亲子关系，携手家校共育"为主题的班会课给我们提供了更多实践方式的探索。

【案例追踪】

本学期中段考后，班级召开家长会，班主任特别增加了"听听孩子的心声"这一环节。教师在家长会上向家长展示事先收集的孩子心声，一同探讨现阶段的青少年心理特征，并给出与该阶段的孩子如何相处的相关建议。

经过班主任的谈话协调以及班会课、家长会的开展，在后续的跟踪中发现，小明和妈妈的关系缓和了不少。小明妈妈反馈，现在小明周末回家，愿意主动和妈妈分享过去一周在学校发生的事情，关于学业方面的烦恼也会主动告诉妈妈，寻求帮助。小明妈妈反思了自己之前的做法，决心以此为鉴，凡事尊重孩子、相信孩子，承认青少年时期的孩子已有自己的想法并初步具备独立解决问题的能力，家长更多需做到的是从旁引导，耐心陪伴。

小明和案例中的另一名小主人公有过一次诚心的交流，希望不因一时的误会而影响多年的同学情谊，只要两人彼此坦荡，依然以交流学习为初衷，相信友谊的小船不会说翻就翻。作为英语老师的班主任，也给两位同学提了一些互助提高英语的建议。运用同伴教育的理念，令同伴的监督和鼓励促使目标学生并激发成长的动力，提高学习的积极性。

在班主任的引导下，小明反思了学期前半段的学习状态，找出了导致成绩下滑的原因，如没有规律作息、周末没有控制玩手机的时间、化学课听不懂没有及时请教老师同学等。针对原因，小明制订了较为完善的下半学期的学习计划，并邀请妈妈也作为监督人之一，如周末由妈妈保管手机，帮助提醒使用手机的时间等。使妈妈参与学习计划的做法，令小明妈妈也仿佛吃了一颗定心丸，无论对小明的学习还是对两人关系的促进都起到了积极的作用。

教育学生的过程，时常会发生看似与学习成绩无关的事情，但这些事情对于学生而言却往往间接影响着他们的学业，因此，德育无小事。当小明缓和了与亲人、朋友的关系后，更能专注于学习了。家人、朋友和老师的支持，使他可以没有后顾之忧地朝目标前行。期末考试，小明排名年级前十，与期中考相比进步了二十个名次，小明和妈妈都非常开心。

学生家庭教育缺失

广东实验中学南海学校　谭诗清

【现象扫描】

现阶段经济社会状况、家庭构成均发生深刻变化，青少年思想道德教育面临许多新挑战。学生在学校、社会中表现的好坏，大多都能在家庭环境和家庭教育中找到根源。优秀家长营造优秀家庭，问题家长促成问题孩子。"一个好母亲胜过100所学校"，欲立国立民，必自家庭教育始。

《国家中长期教育改革和发展规划纲要（2010—2020年）》首次明确提出，要研究和颁布家庭教育法。明确提出了家庭教育在素质教育改革和发展中的地位和作用，强调学校教育、社会教育和家庭教育要紧密结合。那么如何让家长树立正确的教育观念，掌握科学的教育方法，培养子女的良好习惯，从而让家庭教育与学校教育、社会教育达成教育共识，形成教育合力呢？

【案例情景】

今天上午，初三学生王某被德育主任抓到办公室大声训话，原因是他伙同几个同学偷了初一级学生的单车去卖钱，原价七八百的单车才卖二百元钱，他自己分得四十元钱。

这个孩子是富二代，爸爸上世纪九十年代初从内地到珠三洲打拼，由于机缘巧合及自己的灵活机动，赚得了第一桶金，后来自己做起了老板而大发，开了一家工厂，工人多达上百人，资产可以千万计。王某又是一个独生子，我曾跟他聊过，还开玩笑说："你将来是不是要继承你爸爸的事业，也要当老板呀？"

他父亲说，孩子的零花钱是足够的，他还曾自费送孩子到上海、北京等地参加过一些有钱就可拿奖的比赛。

我纳闷了：为了区区40元去铤而走险，是无聊好奇，还是真的为了钱？

他的学业成绩固然不好，也不可能考上什么重点高中，好像他父亲对此也没什么预期。据说他父亲曾对班主任说，孩子成绩好坏无所谓，不愿读书随他吧，长好身体最重要，将来干什么都行。这代表了一类家长的教育理念，给学校教育带来很大的困难。

俗话说："少年要忙，忙可镇浮气；老年要闲，闲可以乐余年。"本来这个孩子属比较聪明的类型，如果他父亲有所作为，多想办法，与学校老师沟通配合，不断鼓励和督促他努力学习，他的成绩肯定会有比较大的提高。即使成绩提高不大，也可镇镇他的浮躁之气，不会干出如此荒唐之事来。

孩子的成长固然要尊重其天性，但适当时候进行修正完全必要，即在孩子的成长道路上要及时关注并给予正确的向导。人们常说，父母是孩子的第一任导师，每一个家长必须做好这个导师。

北师大著名教授肖川在他的《教师的诗意生活与专业成长》一书中关于"教师的职业优势"中谈道："如果在一个家庭中，无论是学业成绩，还是人格品质都很优秀，孩子成长和发展得都很好，那这个家庭就能够给人充满希望、充满活力之感；假如孩子不争气——不好学上进，品行不端，那不管家长如何的成功，如何的有权有势，都给人以没落之感"。

【问题分析】

在应试教育背景下，部分学校与家长仍坚持不动摇地进行功利化成才教育，重智育轻德育，过分重视孩子学习成绩的好坏和分数排名，忽视了成人成材才是家庭教育的出发点和归宿；重物质轻劳动，重视孩子的营养补给，却淡化了培养孩子勤俭、吃苦耐劳品质的劳动教育；重规划轻规律，将自己的目标规划在孩子的身上，忽视孩子的天赋、扼杀其全面发展的自由个性。这种家庭氛围的背后往往是专制或放任、溺爱或粗暴的家庭教育形态，更容易塑造出高分低能、享乐主义、攀比性心理强的问题孩子。面对以上情况，梳理出当前家庭教育问题产生的原因显得尤为重要。

（一）社会原因

1. 对中国传统文化认识的片面化，萌生知识优先的家庭教育观念

自幼我们接触的传统文化中不乏鼓励人们积极向上的诗句，但部分家长却曲解其中的深意。由于对"学而优则仕""书中自有黄金屋，书中自有颜如玉"等诗句的片面认识，产生了知识优先的思想与教育理念。

2. 教育价值取向工具化，导致子女教育功利主义

教育价值取向是一个人或社会根据自身生存和发展的需要对教育客体价值设定、价值预期时所表现出来的意向或倾向。在"培养什么样的人"的问题上，多数家长倾向于培养工具化的人，这也是社会教育价值观的一种反映，他们对子女的教育存在功利主义的目的，把教育看作走向富贵的一个必要途径。

3. 社会生活物质化，阻碍孩子健康人格的形成

经济与精神文明的发展影响着人民的物质消费及日常生活方式，但现阶段经济的发展速度远大于思想建设的速度。享乐主义、消费主义在人群中逐渐浮现，有些学生把过度的占有与消费当作追求自我价值的实现。若不能正确地引导，无疑将阻碍孩子健康人格的形成。

（二）学校原因

1. 应试教育模式的缓慢转变，不利于家长知识先行观念的转变

素质教育改革推广得如火如荼，但要改变应试教育全体系却困难重重。从学校入口的招生关、教育内容的转变、学校出口的升学率宣传到学生评价体系的重构等都是一个摸着石头过河的缓慢过程。家长对这个缓慢转变的体验并不明显，在没有最优解的情况下，只能保持知识先行的教育态度，"让孩子不要输在起跑线上"。

2. 家校沟通不畅，闭塞了家长观念更新的渠道

有研究表明，家长参与教育有三个层次：

（1）低层次的参与，这个层次的家校合作方式有家长访问学校、参加家长会、开放日、学生作业展览等活动，另外还有家长联系簿、家长小报、家庭通信等；

（2）高层次的参与，这种层次的合作方式有经常性的家访、家长参与课堂教学和课外活动等；

（3）正式组织上的参与，如家长咨询委员会等。现在大多数学校的家校沟通以微信群、QQ群、电话沟通和一学期几次的家长会为主，而这些都属于较低层次的家校合作。这些浅层次的家校合作不仅难以让家校双方达成教育共识，更是让更新家长教育观成为空谈。

（三）家庭原因

1. 父母素养沉淀不足，限制了家庭教育的良好开展

目前，父母素养主要在身心素养、思想道德素养、科学文化素养、教养观念、教养知识与能力方面表现出不足。而底蕴单薄、态度消极、习惯保守等家长自身原因，会同现代文化的负面影响等外部因素，造成了父母素养提升窘境，同时也限制了家庭教育的良好开展。

2. 家庭结构不稳定，增大了家庭教育的难度

伴随着我国离婚率连年递增，流动人口持续增加等现象的出现，主干家庭、离散家庭、离异家庭、流动家庭也同步增多了。在这些特殊家庭中，子女往往会呈现出孤僻、任性、心理敏感而又脆弱、报复心强等多种问题，这些不仅会增加教育孩子的难度，也容易导致家庭教育的缺位、错位和不到位等问题。

习近平总书记曾在全国教育大会上指出："家庭是人生的第一所学校，家长是孩子的第一任老师，要给孩子讲好'人生第一课'，帮助孩子扣好人生第一粒扣子。"由全国妇联、教育部、中国关工委等九部委联合下发的《关于指导推进家庭教育的五年规划（2016-2020）》中特别明确提出"提高家长家庭教育水平""系统掌握家庭教育科学理念和方法""提升儿童和家长科学文化素养"等要求。上述指示和要求皆强调了家庭教育的重要性以及父母在家庭教育中的重要作用。那么，作为校方、班主任应该如何让家庭教育与学校教育达成共识呢？

【对策措施】

（一）助力家校合作，端正"三态"

作为班主任，应以服务的心态、朋友的姿态和专业的状态，与家长携手，共促家校合作。面对家长合理的诉求，以服务的心态提供力所能及的帮助；以

朋友的姿态与家长平等沟通，达成共同育人的合作目标；以专业的状态帮助家长正确开展家庭教育，营造健康和谐的家庭氛围。

（二）知己知彼，百战不殆

班主任工作的特殊性使其成为学生在学校的"第二家长"，能够有效地连接学生与家庭。摸清学生的家庭情况，根据家庭结构特性做好分组管理，为设计合理的班级家委会奠基，更是为学生和家长素质提升的因材施教打基础。

（三）关注每一个家庭，因材施教

有研究将学生家庭划分为：核心家庭、主干家庭和特殊家庭三大类别。针对不同类别的家庭，班主任应如何弥补家庭教育的缺失呢？

1. 核心家庭指父母和一个孩子的家庭组合

这种家庭组合的小孩通常会出现家长过度迁就，孩子有特长，但往往呈现挫折经历少、依赖性强、集体观念薄和心理抗压少的特征。班主任可结合孩子的特长，让其担任班干部，在培养集体观念的同时增加孩子受挫犯错、改过的机会。另一方面，应引导家长提高孩子的自我管理能力，学会适当放手。

2. 主干家庭将孩子交由祖父母托管

主干家庭，指父母因工作太忙无暇教育孩子。对于这一类家庭，一方面，班主任应开展专题培训会，给予祖父母专门的培训，同时让父母认识到陪伴与教育对孩子的意义。另一方面，班主任应及时跟进孩子的状态，以防偏激事件的发生。

3. 特殊家庭，指离散家庭、离异家庭等家庭结构不稳定的家庭

班主任应尤为关注本类学生的身心状态，做好学生与父母双方的思想工作，加强与家长的沟通，及时掐灭问题的苗头。一方面，建立同类家长的亲子互助小组，分享与学习成功经验；建议家长常做校访，主动关心孩子，坦诚交流。另一方面，建立小组学习竞争机制，鼓励孩子参加校园活动与公益建设，转移关注方向，通过参加集体活动培养集体荣誉感，通过走进社会，接触更多的人事物，增进对父母和世界的理解，从而逐步和自己的内心和解。

（四）关爱每一位学生，建立成长档案

孩子的成长并不是一蹴而就的，而是一个持续性的过程，可能是螺旋式上升，也可能是指数式上升或下降等。但无论是属于何种样式，孩子的改变都是

有迹可循的。作为学生的"第二家长"，我们发现并记录孩子的成长轨迹，这有利于及时引导孩子向上向善，同时也以示范的样式引领家长参与孩子的成长。

（五）提升父母素养，创新方式

作为班主任，应创新家校共育新模式，造就父母教育新局面。比如，把握住学校举办的每一期家长学校培训活动，根据活动主题推荐相应的家长团去参与，在形成习惯后，开展班级内的课后经验分享；再比如，引导家长以班会课合作者的形式参与到学生教育中来，促进家长对学校教育的认识，让家长的教育素养在浸润中提升……

苏霍姆林斯基说过："教育的效果取决于学校和家庭教育影响的一致性。如果没有这种一致性，那么学校的教学和教育过程就会像纸做的房子一样倒塌下来。"只有家校关系和谐，教师、学生和家长的心连在一起，教育教学工作才能有序开展。作为班主任老师，应切实认识到家校合作的重要性，要努力做到家校协同教育，共同为学生的成长保驾护航，架起家校联系的一座彩虹桥，进而促进学生健康成长、全面发展。

参考文献：

［1］教育部关心下一代工作委员会，《新时期家庭教育的特点、理念、方法研究》课题组.我国家庭教育的现状、问题和政策建议［J］.人民教育，2012（1）：6–11.

［2］张迷晨.当前富裕家庭的家庭教育问题研究［D］.湖南师范大学，2012.

［3］马忠虎.基础教育新概念——家校合作［M］.北京：教育科学出版社，1999.

［4］胡弼成，姚云龙.父母素养提升：新时代家齐国治的必修工程［J］.当代教育论坛，2019（2）：1–14.

［5］翟博.树立新时代的家庭教育价值观［J］.教育研究，2016，37（3）：92–98.

［6］史琴.家校合作中班主任应有"三态"［J］.教学与管理，2018（35）：7.

优越环境下的"孤儿"

广东实验中学南海学校　刘志龙

【现象扫描】

随着中国经济的发展，物质条件越来越好，学生成长的物质环境越来越丰富，国人对物质条件的追求也越来越高，不免有些父母因忙于工作，忽略了孩子的心理需求，让孩子成为精神上的"孤儿"，这也是社会经济发展中不可避免的一种现象。优越环境下的"孤儿"可能会采取一些极端方式来博取父母的关注，在这一过程中，有可能会走向人生的下坡路，造成不可挽回的局面。

【案例情景】

高二某班学生A

（一）家境描述

父亲是省级单位要员，常年忙于公务，无法顾及孩子的生活和学习，一年也无法与孩子见几次面。母亲是生意人，常年奔波在外，同样无法照顾孩子。孩子由爷爷奶奶负责照看，家境很殷实。

（二）高一物理课代表表现

上学期表现很好，积极收发作业，课堂表现很主动，学习成绩也很好。下学期表现较差，经常不交作业，上课前也没有及时发作业，挨老师批评后还是没有改进，而且还喜欢上课讲话，最终物理成绩很差劲、总成绩也很落后。

（三）高二团支书表现

高二表现日渐好转，也非常受学生欢迎，也受班主任重视，工作和学习做得很好，自身价值不断得到体现，形成良性循环。

（四）孩子心理自述

高一上时期父母也很少管自己，自己属于比较放纵型的，得过且过，但有时也感觉很孤独。高一下学期母亲怀孕了，更是没人理自己，而且奶奶带母亲去拜佛磕头，后来发现是双胞胎，而且都是儿子，奶奶、父亲、母亲非常开心，我自己就开始崩溃，心里很难受，但仍没有人搭理自己，大家都沉浸在喜悦中。两个孩子生下来后，父母就更忙了，我一有时间就被安排照顾小孩，我的心情已经到低谷了。为了获取父母的一丝关怀，我就不断变差，希望能差到班级末尾。那时我上课讲话，笔记不做，作业也不做，期末考试果然很差，但还没有到班级末尾，感到有点失望。好像父母并不关心自己的学业，哪怕像现在这样，父母还是依旧如此对待自己，真是失望到底，我以为父母不要自己了。到了高二，我已经认清现状，也无法改变现状，于是决心把自己的主要精力放在学习上以及同学关系上，毕竟老师和同学还是很关心自己的。慢慢地我找到了方向，也发现了其中的乐趣。同学之间关系很和谐，大家也很开心，都愿意跟自己交朋友，学习上也感觉还可以，期末成绩也很好，总成绩班级排名靠前。

（五）自救流程分析

父母因工作原因——导致对孩子关爱缺失——孩子希望获得父母关怀——两个弟弟的降临——再次打击——进一步导致关爱缺失——孩子用消极来换取关注——再次失败——不得不认清现实——转移方向（同学和老师）——最终结果——师生及同学关系融洽——学习成绩优异——形成良性循环。

高二某班学生B

（一）家境描述

父母亲打工挣钱，由于从老家出来较早，经济也相对宽裕。但也因为一直忙于挣钱，忽略了孩子的心理需求。较小时，孩子由爷爷奶奶带大；长大后，孩子常独自一人在家。

（二）高一表现

作为他的科任老师，我发现，高一上学期他的表现很一般，物理学习也很一般。高一下学期，他逐渐向坏的方向发展，上课讲话，脾气暴躁，课堂上经常和后面一堆同学聊天，也不想学，最终期末成绩也很差劲。唯独有一次，快接近期末考试了，我看晚修时发现其他同学在讲话聊天，他很大声让同学安静下来了，还对其他同学进行了批评。这让我看到了属于他自己内心很有价值的东西，而且储量还很丰富，就等待老师去挖掘了。

（三）高二班长表现

高二我做了班主任，恰好他又分在了我的班，真是天赐良机让我找到了宝藏。我让他担任班长，他欣然同意。做了班长后，他各方面表现都很突出，乐于帮助其他人，也为班级做了很多贡献。学习方面他更是榜样，经常问老师问题。他自己都觉得惊讶，就像开挂了一样，进步巨大，可以排到班级前十名。

（四）孩子心理自述

高一上学期，主要是刚上高中，自己还是有点动力，希望学好。回家后没人关心，父母很忙，就自己一个人在家，哥哥也出去做事了，过得很无聊。高一下学期，就没有动力了，加上要分科了，更加不想学，就开始变得消极。上课经常讲话、贪玩，回家也不想学习。有一次放假，回家看到父亲的头发白了很多，顿时感觉父亲真的老了，哥哥也成家立业了，就差自己，若自己再一直这样下去也不是办法。期末考试要来了，可是发现想学好并不是那么容易，除了知识上感到困难，心理上也感觉很困难，很难静下心来学习。考完后成绩果然很差，父母这次也开始责骂自己学习不努力。到了高二，班主任让我做班长，我很开心，觉得自己现在应该努力了，有班长这个称号，自己就容易克制自己情绪，学习上也很用功。看到自己成绩的进步，感觉到努力的方向，学业上不断的进步使自己内心很高兴。

（五）自救流程分析

父母因工作原因——导致对孩子关爱缺失——孩子感到孤独——开始消极

对待一切——回家发现父亲头发变白——感觉自己的危机——学习成绩不理想受责骂——高二成为班长——有了动力源泉——帮助同学，勤学好问——最终结果——师生及同学关系融洽——学习成绩优异——形成良性循环。

【问题分析】

两位同学的对比分析：

（一）相同点

1.父母因工作原因，导致对孩子关爱缺失；

2.消极对待一切，学习成绩滑坡严重；

3.成为班干部，是动力的一部分；

4.最终结果：同学关系融洽，学习成绩优异，形成良性循环。

（二）不同点

1.学生A消极对待一切的原因是为了获取父母的关注，而学生B的消极对待一切是因为自身的原因。

2.学生A消极对待一切没有受到父母的关注，导致失望到极点，很危险；而学生B消极对待一切马上就受到了强烈的关注，激发动力。

3.学生A的人生转折点是认清现状，转移方向；而学生B的人生转折点是出于孝顺和人生危机感。

（三）对比分析

1.父母对孩子的关爱很重要，如果孩子在某些方面有变化，要多和孩子沟通，找到原因。

2.一旦发现有条路走不通时，应及时调整方向，找到属于自己的天地。

3.家庭的危机教育也是督促孩子成才的天然因素。

4.班干部对学生的督促作用很大，尤其适合想做好但缺少动力的学生。

5.同学关系融洽和学习成绩优异是相辅相成的，更有利于促进学习。

6.班主任如能及时发现班级学生的心理需求，也许能成就一个人。

【对策措施】

（一）如何发现优越环境下的"孤儿"？

学生都不愿意成为其他人心中的"孤儿"，因而发现有难度。可主要通过以下路径来分析判断：

1. 通过班干部来了解班级学生假期的生活情况，班干部与学生接触最紧密，可以选出以下疑似"孤儿"。

2. 通过学生的平时表现，若发现有几次行为异常，可以作为疑似"孤儿"；或者是成绩波动比较大，不符合常理，也可以作为疑似"孤儿"。

3. 制作假期生活卡，如下表所示：通过假期生活卡，来发现疑似"孤儿"。

假期生活卡（学号_____）					
周六	周日	是否渴望与父母沟通	与父母沟通的时间	是否渴望经常得到父母的关注	希望得到父母怎样的关注

4. 发现了疑似"孤儿"，下一步就是如何确认"孤儿"，这就需要班主任或是该生比较喜欢的老师来进行心理交谈，并与父母取得联系，了解父母口中孩子假期生活的情况，进一步确认"孤儿"。

（二）有针对性地进行主题班会教育，让"孤儿"有据可依

1. 描述一些孩子的生活背景：比如家境很富裕、物质条件很好、家里有保姆或爷爷奶奶照顾等，无需担心温饱问题，就是没有人陪玩，伤心、难过、无聊时也没有人可以诉说心声。有时只能打游戏来消磨时间，学习也没有动力，经常感到孤独寂寞，非常渴望父母或者朋友来陪伴自己。

2. 描述一些父母的生活经历：经常忙于工作，烦心事很多，工作累了就想回家休息。有时为了工作，可能没有回家，就算回家看见孩子也不知道说些什么。家长不了解孩子最近的情况，觉得孩子物质生活得到满足了也就没管了。

3. 造成"孤儿"的原因分析：父母认识不足，没有意识到孩子的心理需求；孩子也不好意思开口，但希望父母能理解自己的需求；孩子不善于与父母沟通，父母也不善于与孩子沟通。

4. "孤儿"自救的成功与失败案例：描述一些失败的案例，孩子为了让父母关注自己，经常干坏事，引起老师的关注，通过老师来引起父母的关注，久而久之无法自拔。或者在家里表现很差，经常与父母吵架，以此来表明自己的存在。再描述一些成功的案例，同样是遇到当前的困境，父母很忙，没空亲自照顾自己，可能需要自己照顾自己或是请人帮忙。认清现实，改变方向，多和同学或老师交流，获得自身价值的存在。与学习为伴，有空看书，以学习为乐，乐此不疲。

5. "孤儿"自救的方法：求人不如求己，无法改变父母的行为，就改变自己；转移关注对象，同学和老师将长时间的陪伴、关心自己；提升自身沟通技巧，让父母能够明白自己的想法，了解自己的生活境况，相信父母一定是爱子女的，只是没有找到方法。多参加或组织亲子活动，建立沟通的桥梁，熟悉彼此的生活，相互理解；以学习为跳板，找到自身的乐趣，找到属于现阶段自己最应该投入精力的地方。

（三）借助家长会，让家长发现孩子的变化以及确诊孩子是否属于"孤儿"？

家长会上，让家长仔细观察一下自己小孩最近的一些变化，包括生活和学习方面的变化，是否为了博取家长的关注，得到关注后孩子是否有变化？如果有变化，说明孩子确实需要家长的关注，这时家长应该多了解和关心孩子的生活情况、学习情况，此刻孩子更多的是心理需求或者是希望自己做的一些事情能得到家长的认同。

（四）如何让融洽的同学关系、师生关系，成为"孤儿"的救命稻草？

在班级营造一种和谐的氛围，平时组织一些班级活动，让学生能体会到整个班级处于一种爱的氛围中。若某时某刻"孤儿"处于一种极度悲伤中，可以找身边的同学或老师诉说，心情会得到缓解，若仍然无法缓解，还可以找心理老师帮忙。若该生独自一人承受，有可能会做出危害自身或危害他人的行为。

（五）搭建导师制平台，让"孤儿"在黑暗时刻也能看见黎明的曙光

导师制平台下，让"孤儿"能得到该导师的关注，有困难也可以找导师。往往导师处理学生问题，学生也会相对比较满意，对出现的困难也会有足够的信心面对，不至于陷入无法自控的地步。导师制跟踪表见下表。

高二年级导师制度月次跟踪表

（指导教师：　　　　　年　　月）

姓名	行政班级	该生问题分析	当月对学生指导的主要内容			学生签字
			第一次	第二次	第三次	

学生被孤立

广东实验中学南海学校　李娜敏

【现象扫描】

孤立，可以说成不合群、被讨厌、被针对。它是在一个人与一群人之间产生的问题，既影响群体，更影响个人。初中阶段是孩子价值观形成的关键时期，但学生被孤立的问题却比较普遍，这对学生成长影响非常大，尤其是性格的形成和价值观的建立。所以，学生被孤立的问题，值得我们关注和深入思考。

【案例情景】

他们都不喜欢我，老师我该怎么办？

初三（8）班，是我中途新接的班级，大多数学生我都不认识，更谈不上了解，只知道这是"实验班"，学生综合素质还不错。初接手时，确实比我之前带的"普通班"让人省心不少，学生不仅很听话而且很积极，一个月下来大家都很和谐。

大概是进入初三的第四十多天，小田来办公室找到我，说："李老师，小军总是在教室里叫我绰号，还当着全班同学的面，这让我很烦。"

"是吗，我也想知道你绰号叫啥？"我笑着问。

他有点吃惊，然后回答说："那肯定不能让老师知道，太损形象了。"

"那你知道我读书的时候，绰号叫什么吗？"我停顿了一下，等待着他好奇的目光，"金毛狮王，我曾经的绰号，好听吗？"

"不会吧，这个名字太不符合您了，您当时生气了吗？"小军说。

"没有啊，之前大家都这么叫我，都习惯了。现在大家还这么叫，也让我们想起了以前一起读书的日子，满满都是回忆呢。对于以前很多同学，现在都不太熟了，但是我却因为这个'绰号'，让更多的人还记得我。所以'绰号'这个东西，很奇妙，关键看你怎么看。或许，同学并没有恶意，只是好玩，或许它也是一种交流感情的方式。"

"我知道他没有太大的恶意，但是他的'好玩'，却损害了我的面子，而且我和他初二的时候就是同班，我当时和同学关系就不太好，基本上没什么朋友，本来想初三重新开始，想结交一群新朋友，结果他还来叫我以前的绰号，新同学对我的印象肯定不会好。"

我突然明白了，这是个被"孤立"过的孩子，渴望朋友，渴望改变。我继续鼓励了他重新开始的想法，并引导他学会释怀，尝试着接受同学之间这种你损损我、我损损你的相处方式。同时，我还私底下找了小军同学，我知道他心直口快，嘴巴有点招人嫌弃，但和同学关系还不错，大家相处一段时间就知道他人心肠好，只是说话不好听。我和他坦然地聊了小田的困扰，他也表示自己没留意到，说以后肯定会管好自己的嘴巴。

接下来，一段时间，我偶尔也会找小田聊两句，问问相处近况，他表示和小军相处得还行，比初二的时候好多了。这让我也有一点小小的成就感。

可是，大概开学两个月过去了，小田再次来到了我的办公室，他说："我觉得我对大家都挺好的，同学需要帮助时，我都会主动站出来，但还是换不回友谊。而且我觉得同学不太喜欢我，在寝室的时候，他们聊得很热闹，我一说话，他们就不说话了，感觉不太爱搭理我。老师，我该怎么办？"

"那能跟我说说，大家都在聊什么，你又说了什么吗？"我耐心地听着他讲述着。我知道这是一颗敏感的心，越敏感越脆弱，越脆弱越敏感。于是，我开导他："大家都是同学，也都是孩子，都是想说就说，所以，你也不要太介意；同时，你也要学会融入大家，偶尔开开玩笑，和大家闹闹，关系就近了，另外，也欢迎你随时来找老师聊聊天。"

偶尔，他也会来找我聊两句，有时还开开玩笑。

但前不久，听查寝的老师说，他每天10点多的时候，喜欢在床上坐上半个小时才能睡觉。后来，我问了他，他说，想在睡觉前想点事。我想，这有可能和同学关系有关，长时间下去，可能会出更大的问题的。

我私下找了他室友小明（也是我们班班长），了解了小田同学在寝室的具体情况，他说："小田确实和同学相处得有点不融洽，但也没和室友发生大矛盾，小矛盾偶尔会有，我觉得小矛盾朋友之间都会有吧。不过，他因一点小事和大家的气氛也会僵，所以大家和他交流不算多，我有时会主动找他说一下话。"

期末考试前，小田还有点失眠。

我深知：对于十几岁的孩子，老师永远代替不了同伴，学生被孤立，到底该怎么办？

【综合分析】

（一）什么样的学生容易被孤立

性格有缺陷：内向孤僻、喜欢独来独往的学生，自私自利、脾气暴戾古怪的学生，以及说话尖酸刻薄、狂妄自大的学生等都属于这一类。还有那些出身富裕家庭爱炫富、炫名望的学生，也容易被孤立。

表现太突出：过于优秀或者才貌过于出众的学生，成为他人难以企及的目标后，让人难以接近。班级的管理人员，如班长、副班长、课代表等，在管理班级时，一些不服气的孩子会拉帮结派，孤立他（她）。

班级中弱势：邋遢、不讲卫生的学生，行为后进、喜欢故意"骚扰"他人的学生，外表有缺陷或者因为先天的疾病导致能力欠缺的学生，均属于此类。

自我认知差：有的学生觉得自己的家庭有不为人道的情况因而觉得自卑，有的孩子觉得自己学习成绩或者其他方面很差没有自信。这些不良的情绪体验都使得他们不愿意融入集体，或是想合群却鼓不起勇气，产生怕说错话怕别人不喜欢自己等各种担心。

沟通不顺畅：学生被孤立，很有可能是因为某一具体事件，或许是该生在该事件中行为、言语有不妥之处，或是不经意的言行被好事者添油加醋，引发众人的误解。

（二）这样心理的学生会孤立他人

排异心理：人是社会性动物，自然而然就会在相处过程中，靠近与自己志趣相投的同学，疏远那些与众不同的同学。

从众心理：单独一对一可能并不会有孤立状况，而当一群人开始孤立一个人的时候，自我选择会向群体靠拢。

自卑心理：自卑的人，因为害怕被孤立，或者尝过了被孤立的苦楚，所以站队去孤立别人，以此来保护自己。

逆反心理：老师、家长越肯定的人越是要反对，而不会考虑目的与后果，因此去孤立他人。

嫉妒心理：出于对他人的一种嫉妒。成绩优异的同学，自身会有一些傲气，有一定的优越感，这会让后进生与他们之间产生一道障碍。

自保心理：对自我的保护，可能是被孤立的人损害了自身的某种利益。

【案例分析】

结合上面对"孤立"问题的系统分析，案例中的小田之所以"被孤立"，有他作为被孤立者的原因，也有同学群体作为孤立实施者的原因。

（一）小田（被孤立者）的原因主要是性格问题和沟通问题

在性格方面，他太敏感、太细腻，与同学相处时，特别在意别人的看法，也许同学只是无心无意之语，他就自己琢磨半天。如此细腻的心思，当然也有一部分"历史遗留原因"。曾经的"被孤立"已经在他内心留下了阴影，让他在人际交往方面有些自卑，他渴望与同学拉近关系，建立良好的友谊，所以也变得小心翼翼，愈加敏感，即使现在鼓起勇气，打算重新开始，当再次遇到相同问题时，还是选择了退缩。

在沟通方面，他有些生硬，又有些偏执，内心非常想和同学建立好的友谊，却不知道怎么去和同学沟通。在他看来，只要他对别人好，就应当能获得友谊，当结果不如意时，他就选择退缩。所以，他在沟通中，要么选择去迎合，要么选择逃避。如果他能够真正懂得，沟通不仅仅需要站在对方的角度，设身处地地为他人着想，主动分享，学会倾听；更需要做自己，不卑不亢关注自己真正喜欢的东西，让自身充满阳光，身边的阴霾自然会自行退去。

（二）同学群体（孤立实施者）的原因主要是排异心理和从众心理

由于小田同学性格敏感、细腻，刻意想去"迎合"和"拉拢"同学关系，反而成为了同学中的"异类"。从排异心理来看，人是社会性动物，自然而然就会在相处过程中，靠近与自己志趣相投的同学，疏远那些与众不同的同学。而最先感受到小田是"异类"的肯定是离他最近的同学，比如说他的室友。当室友和他关系慢慢变淡时，其他同学处于从众心理，也会和他疏远。

（三）针对小田同学的问题，给出如下措施

措施1：安排一个合适他的职位，让他有事可做，同时能够服务于班集体，找到自己的位置和班级存在感；另外，也能加强他与同学的交流，拉近他与同学的关系。

措施2：组织集体活动，进行小组PK，提前跟一两个比较热心、正气、开朗的同学打好招呼，让他们主动一点，并和小田同学分到一组，通过活动让小田感受到集体的温暖和归属感。

措施3：加强与家长的沟通，让家长了解到小田同学在学校里的情况，提醒家长多关注、多引导、多鼓励。

措施4：让班长小明多关注小田同学在寝室的情况，必要的时候，帮他搭台调节一下气氛，毕竟除了教室，他们最多的时间都是在寝室度过的。

措施5：找小田同学谈话，让他意识到自己的问题，在集体中，学会成长和改变，成为更优秀的自己。

【班主任工作】

让"被孤立"防患于未然

未雨先绸缪。在接班之初，通过与之前的老师交谈，了解班级中存在的"被孤立对象"，给这些孩子做一下人际关系的问卷调查，建好档案，做到心中有数。

观察要细致。班主任要深入学生当中，课余时间在班里时要留心观察大家的言行举动，或者用文字交流的方式，及时了解大家的想法。

班风要团结。班主任要多组织类似拔河比赛这样需要每一个人团结协作的活动，努力创造和谐向上的班风。创设小组团队文化，以小组抱团的方式，让所有人都身处集体当中。

关爱要无痕。对于班级中有被"孤立倾向"的孩子，班主任要多关注，寻找优点，给予信心，从而减少矛盾。

班干要得力。建立一支优秀的班干部队伍，提升班级管理的厚度，建立班集体和班干部之间的信任，建立班干部与班级学生之间的信任。

师者要中立。师者不能偏爱。学生的观念受教师的影响甚至左右，教师偏爱重视一部分，就会冷落一部分。不说分化学生、激化学生矛盾的话，避免教师自身成为学生孤立他人的效仿对象。

附：

初中生人际交往调查问卷

一、基本信息

（一）你的性别（　　　）

A. 男　　　　　　　　　　　B. 女

（二）你是不是独生子女（　　　）

A. 是　　　　　　　　　　　B. 否

（三）你来自农村还是城市？（　　　）

A. 农村　　　　　　　　　　B. 城市

二、调查问卷

（一）在你的人际交往中，你觉得你的人际关系如何？（　　　）

A. 关系不错，我很满意　　　B. 关系一般，勉强过得去

C. 关系很差，自己很失败　　D. 不清楚

（二）进入中学时代，你觉得中学同学或朋友间的关系与小学时代相比：（　　　）

A. 更理性化　　　　　　　　B. 差不多

C. 有所倒退，更虚伪或封闭　D. 不清楚

（三）你觉得你与周围其他人是否平等（人际交往方面）？（　　　）

A. 平等，人家能建立好自己的圈子，我也能

B. 不平等，自己性格内向，很难建立自己的圈子

C. 分不清，有时觉得平等，有时又觉得不平等

D. 不在意这些

（四）你与朋友（非恋爱、铁杆关系）发生了以下矛盾，哪些情况下你会主动跟他（她）和解呢？（可多选）（调查个人对于他人的容忍度）（　　　）

A. 两人各有一半的责任

B. 我的言语伤害了他（她）的自尊

C. 没经我同意就动用我的东西并对我造成不便

D. 他（她）的言语行为让我产生误解，接着我对其冷言冷语

E. 他（她）打扫卫生时不小心把我带有重要信息的字条给扔了

F. 其他

（五）在对朋友的某些行为作风或者生活习惯有意见的时候，你会？（调查个人对于朋友的宽容度）（　　　）

A. 直截了当地跟他（她）讲，不留情面

B. 用委婉的方式让他（她）知道

C. 不在他（她）面前直接说，但在背后说坏话议论

D. 不让对方知道自己的感受，认为忍一下就好了

E. 根据与朋友的关系而定

F. 其他

（六）你认为交友中最注重的有哪几个因素？（调查个人对于朋友的认识选择决定因素）（　　　）

A. 性格　　　　　　　B. 兴趣爱好　　　　　　C. 处事作风

D. 个人能力　　　　　E. 学习成绩　　　　　　F. 长相

G. 家庭情况　　　　　H. 其他

（七）你能否适应来自不同地区同学的生活方式？（调查个人对于他人的容纳适应度）（　　　）

A. 能　　　　　　　　B. 基本上能　　　　　　C. 不能

（八）在同学或朋友生病或者有困难的时候，你会主动地去关心帮助他（她）吗？（调查个人对于朋友的主动性）（　　　）

A. 会　　　　　　　　　　　B. 不会

C. 视情况而定，能帮就帮　　D. 只对对自己要好的人关心帮助

（九）你会经常串宿舍吗？（调查个人对于舍友的主动性）（　　　）

A. 会

B. 一般不去，有需要的时候才去看看

C. 刚上中学的时候经常去，之后很少

D. 不好说

（十）你和自己宿舍的人吵过架吗？（调查个人与舍友的关系）（　　　）

A. 没有　　　　　　　　　　　B. 经常，但很快就和好

C. 偶尔，而且时间持续很长　　D. 经常，而且时间持续很长

E. 偶尔，但很快就和好了

（十一）你如何看待自己和宿舍同学之间的关系？（调查个人与舍友的关系）（　　　）

A. 朋友知己　　　　　　　　　B. 普通同学

C. 家人　　　　　　　　　　　D. 仅仅是住在一起的人

（十二）你喜欢玩QQ吗？（调查个人与网友的关系）（　　　）

A. 喜欢　　　　　　　　　　　B. 不喜欢

（十三）你的QQ网友多吗？（调查个人与网络交际程度）（　　　）

A. 很多　　　　　　　　　　　B. 一般，不是很多

C. 没有

（十四）相信大家都有网友，那么网友与现实中的朋友相比，你觉得（调查个人在网络和现实的交际比例）（　　　）

A. 现实中的朋友更可靠　　　　B. 网友比现实中的朋友更可靠，更聊得来

C. 各有各的好处　　　　　　　D. 没有网友，不知道

（十五）平时，你与父母是通过什么方式保持联系的？（可多选）（调查个人与家人的关系）（　　　）

A. 传统书信　　　　　　　　　B. 电话

C. 短信　　　　　　　　　　　D. 网络聊天

（十六）你与家人取得联系时一般讨论什么话题？（调查个人与家人的共同话题）（　　　）

A. 生活问题　　　　　　　　　B. 学习问题

C. 家里情况　　　　　　　　　D. 其他

（十七）你会主动跟老师接触吗？（调查个人与老师间的主动程度）
（　　）

A. 会　　　　　　　　　　　B. 不会

C. 视情况而定

（十八）你觉得跟老师建立良好关系有必要吗？（调查个人与老师的交际
程度）（　　）

A. 很有必要　　　　　　　　B. 一般

C. 没必要　　　　　　　　　D. 视情况而定

（十九）当老师错怪你时，你的反应是？（调查个人与师长间的容忍程度）
（　　）

A. 事后找老师解释　　　　　B. 当面与老师争辩

C. 忍气吞声　　　　　　　　D. 没发生过这种事

（二十）你愿意和陌生人主动交往吗？（调查个人与陌生人间的接受度）
（　　）

A. 愿意　　　　　　　　　　B. 不愿意

C. 视情况而定

学生经常与人发生冲突

广东实验中学南海学校　张玛梁

【现象扫描】

总有一群像刺猬一样的同学，经常顶撞老师、伤害同学、口不择言、脾气暴躁。有时候他们也知道自己过分，行为越界，却不知道怎么改善这一状况。教师如果不给这类同学提供专业帮助，会让其人际关系陷入紧张，学习上也会大受影响。这类同学将来走向社会时，也往往会因为情绪调控的障碍而吃大亏。

【案例情景】

为什么我总刺伤他人

夜里11点，电话铃突然大震。答疑回宿的我，拖着疲惫不堪的身体正准备洗澡休息，拿起电话一看，是生活老师。我心里"咯噔"一下，接起电话，生活老师说是要给我们班的男同学小A同学停宿，原因是他咒骂老师。原来小A晚归，生活老师批评了他，他就破口大骂了。我安抚了生活老师，和生活老师道歉之后，立马去男生宿舍找了小A。

我和小A进行了交谈。

"你怎么了？这样的行为是不对的，你给生活老师造成了伤害，生活老师只是在履行她的职责。"我语重心长地和小A说。

小A默不作声，但是态度有所缓和。

"现在生活老师的要求是对你进行为期一周的停宿处理，你做好准备晚修后回家，中午可以在生活老师的办公室进行午休。"

小A露出了一丝不满。他在生活区没有做到尊重他人，教师有采取恰当方式对学生进行批评教育的权利，这样学生才能承担相应的责任，促进他人格的健全发展。

我对小A说："每个人做出了不恰当的行为都要付出相应的代价。"

"老师，我以后不会再做出这样的事了。"他认错态度貌似不错，夜也深了，我就请他回宿舍休息了。我对自己的处理方式还算满意，说得很有道理，也获得了小A的认可，倒也处理得很妥当。

然而，第二天男生宿舍的生活老师告诉我，小A半夜踢坏了宿舍的浴室门，而且再次咒骂了舍友。因为恶意损坏公共财产，现在我决定他的停宿延长到一个月。

很显然我之前轻描淡写的处理方式，并没有真正解决小A的困境，事情往糟糕的方向发展了。我该怎么办？

方法1：请喝茶，写违纪说明书

请小A到办公室小坐，吃点茶点、喝点茶水，进行批评教育。

教师："昨晚一连串的突发事件，你有没有好好反省自己的过错？"

学生："老师，我错了，我不应该这样。"

教师："昨天晚上你也是这样说的，答应得好好的，堂堂男子汉，怎么说话不算数？"

学生：……（由于教师已经给学生贴上了"说话不算数的人"这样一个标签，学生倾诉欲望骤减。）

教师："我现在先让你写一份违纪说明书！你必须给我保证再也不无缘无故朝人发脾气，做一个理智的人，否则你走向社会肯定是要吃大亏的！你现在已经停宿了，要长记性！"

学生带着也不知道走向社会要吃什么大亏的疑惑，洋洋洒洒、故作姿态，写了1000字违纪说明书。

这有用吗？如果冲突发生之时他能有写违纪说明书的理性，事情也不会一连串地发生。

2. 情感攻势，引导学生倾诉

邀请学生去风景优美的校园活动空间，在小亭子里面对面坐下。优美的环境营造出一种宽松的氛围。

教师："咱们也认识这么长时间了，你摸着良心说，老师对你还不错吧？"我先做情感上的铺垫。

学生："是的，感谢老师一直以来的照顾。"

教师："你以前对我发脾气，我有和你计较、责难过你吗？"

学生："没有。"

教师："但是这次不是发生在你我之间，和生活老师这次的冲突情况就不是这样了。"

学生："是的，老师，我感觉这次挺棘手的。"

教师："你身上有许多闪光点，比如热爱运动、热情助人，我是非常欣赏你的。偶尔和人发生冲突很算不上什么事，人人都有发怒的时候，但是乱撒脾气可是不行，也容易误伤家人，老师很为你担心。"

学生："是的，我也担心自己以后会因为脾气大伤害到自己的家。事实上现在我和父母之间也经常爆发冲突，有时候我也很苦恼。"

教师切身体会学生的困境，如果学生和教师一贯以来关系不错，应该会在短期内有所改善。但是可能就是因为学生以前和班主任之间的冲突没有及时有效地引导，才会使得冲突向外部爆发，还产生了连锁情绪爆炸。

方法3：原因分析，进行具体的方法指导

地点可以选在学校附近的小书店等地，环境优雅宽松，脱离校园环境，让学生心理上彻底放松，充分信任教师，引导学生说出自己心里的话。

教师："昨天发生的事，你现在心里怎么想的？"

学生："我现在心里很乱，停宿了我也不知道怎么办，家住得也很远。"

教师："别着急，交通的问题我们可以和父母沟通，代你请求父母的帮助。"

学生："谢谢老师。"

教师："你一而再、再而三发脾气，有没有可能是你就是看不惯老师和同学，看见他们就来气，忍不住得骂一骂？"（用与事实相反的话来引起学生的自我辩驳。）

学生："其实不是这样的。我很喜欢班主任您，宿舍的生活老师也从来没有交集。昨天我骂的舍友其实我们平时关系很好。"此时，学生发出了第一次辩驳。

教师："那第二种可能就是以前和家里人，和班主任爆发矛盾的时候从来没有恳切谈过以后怎么杜绝类似事情发生。"（对实际情况进行正面引导。）

学生认真想了想："可能也有这方面的原因，之前我们关系不错，很多时候我一道歉事情就揭过去了，父母更加不会和我真的记仇。"

教师："第三种可能是睡眠不足，午休的时候玩手机、看闲书，睡不够，导致情绪失控。"

学生："这种情况没有，最近体育训练量太大了，中午基本沾枕头就睡着了，睡眠质量也很好。"

教师："那还有一种可能。你可能情绪调控上出了一些问题，需要专业的心理咨询的帮助，这可能需要你的主动配合。"

…………

教师："分析了原因，现在我们来一起想办法落实好，避免我们以后乱发脾气好吗？"

学生："嗯。"

教师："第一重要的是，你到底有没有理解情绪失控的危害？"

学生恳切点头："严重影响人际关系。这样很多人看到我都害怕，不会想和我交朋友。我自己内心也很痛苦。"

教师："改变不是那么容易的，你想好了吗？"

学生："除了改变，我也没有别的选择。我需要有朋友，需要有正常的社交。"

教师："那好的，我们一起来想具体的对策。"

师生一起，运用焦点讨论法的心理学技术找对策：

首先是想一想自己想要达到的心理预期是什么，要与这样的心理预期，外在表现又是如何。

1. 深呼吸半分钟。小A每次脾气即将爆发之际，提醒自己深呼吸，尝试冷静下来。

2. 语言描述代替语言和行为暴力。如果小A已经感到愤怒，可以清晰描述自己已经是愤怒状态了，并且说清楚自己生气的原因。

3. 心理咨询。小A主动预约心理老师，在停宿这段时间的中午都去心理咨询室进行心理咨询，及时解决问题。

4. 协同育人。我们取得了家长的全力支持，合力缓解了小A的情绪问题。

5. 情绪ABC调控法的落实。

一段时间的情绪问题可以缓解，但是情绪问题不是一刀切就能解决的，还需要小A在未来多多提高修养，丰富心理健康知识，增强自己调控情绪的能力。小A经过一段时间的磨练之后，情绪调节的能力有明显的提升，同学和生活老师对小A的评价明显提升。

【问题分析】

根据以上情景，我们发现，针对学生情绪调控能力差，容易与人发生矛盾的情况是有多种处理手段的。理念不同，采取的方法也会不同，那效果当然也会有相应的差别。

（一）教师面对学生和人发生冲突的常见现象

1. 意识挂帅

总认为是学生思想不到位，不具体分析学生的情况，得出一些想当然的结论。学生与人发生冲突，原因肯定是多样化的。

班主任必须要有一种老老实实的科学态度，平时处理突发事件的时候要有科研的精神。要不停地怀疑自己已有的猜测想象，从不同维度思考验证，要敢于质疑自己。

2. 只谈爱，不谈方法

教师如果只靠爱就能教育好孩子，那几乎所有的母亲都会是最好的教师。对于这些还没有演变成校园暴力的突发事件一定要找到冲突发生的原因，进行必要的心理干预，以免演变成校园暴力。少谈爱，多谈尊重。爱是情感，是很难测量的，但是尊重是有外部标准，是很好衡量的。

3. 妄图一劳永逸

谁都怕麻烦，但是就像哲学家所说，如果某种方法能解决一切问题，那它肯定什么也解决不了。学生心理具有波动性、反复性的特点，学生问题解决的效果如何，一定要进行长期回访跟踪。

4. 缺乏方法指导

学生与人发生冲突的原因很多，如：语言表达能力差、思考方式特殊、人际交往技巧匮乏、自我中心、个性缺点、利益冲突等。要从多个维度对学生进行分析，对症下药，避免开错方子，走错方向。

（二）教师面对学生经常与人发生冲突应当如下思考

1. 诊断原因，对症下药

语言表达能力差、思考方式特殊、人际交往技巧匮乏、自我中心、个性缺点、利益冲突，学生到底属于哪一种情况，如果诊断错误，肯定做不到"药到病除"。

2. 长期回访，形成档案

今天谈了明天反弹，这是很多德育问题面临的统一困境，解决的办法只有形成长期跟踪的档案，帮助学生解决问题。

3. 求助外力，合力育人

必要的时候寻求心理辅导帮助和家长帮助，虽然绝大多数时候学生的问题都和家庭教育有莫大关联，但班主任可以给予家长具体的方法指导，推荐青春期教育书籍请家长阅读，提高家长的教育水平。对超出班主任能力范畴的心理问题，一定要及时求助于心理届专业人士，术业有专攻。

【对策措施】

（一）利用集体舆论

现阶段，学生有丰富的他律经验，却缺乏自律的经验。学生有些时候并不害怕官方的批评，也视官方的处分为形式主义，却害怕同学的私下议论，这才是舆论的威力所在。通过开展班会、施展个人魅力，班主任可以对班级舆论进行潜移默化的引导，全力提高班级整体情绪调节水平，帮助个别同学在集体中提升自己。

（二）求助于学生的"重要他人"

重要他人指的是学生最敬重、最在意、最愿意倾听其意见的人。可由重要他人来开口说观点，避免强烈的师生冲突。

（三）与其追穷寇不如授人以渔

教师对学生的批评应当点到为止，切不可"宜将剩勇追穷寇"，根据心理学领域的超限效应，过度说教会形成反效果，说理教育只能矫正由认知偏差导致的不良行为。不如让学生多参加公益活动，让学生多发展兴趣爱好，转移注意力，以提高情绪调节的能力。

（四）后续跟踪，形成个性化成长档案

后续跟踪，定期更新学生情绪观察笔记是一种反馈机制，便于及时处理新发问题，莫等墙倒再造墙，把大型的情绪崩溃扼杀在萌芽阶段。

以上方法都是为了让班主任能够平衡自己身上的角色冲突，平衡好自己身上教育型管理者和与学生平等的对话者的角色身份。班主任的职责是激励引导，给学生创造自律的情景，而并非一味地通过他律对学生进行压迫。行为冻结的作用是有限的，教师要利用好手中的教育权利，用个案诊疗的手段来解决具体的学生问题。长此以往，一定能对学生起到积极正面的影响。

附：主题班会课例

情绪调控灿人生

一、班会背景

高中生正值青春期，情绪波动大，调节能力有限，看到事物容易陷入狭隘的思维中，长时间积累下来，得不到抒发，心智便会往负面发展。如果能够培养学生自我情绪疏导的能力，学生将受益终身。

二、设计思路

（一）想法决定情绪：培养学生用正面的眼光看待负面事件，自己的情绪自己做主，不屈从于情绪，培养乐观积极的人生观和世界观。

（二）改变想法就能改变情绪。

（三）用积极心态看待操行评分。

三、班会目标

（一）知识与认知目标：懂得想法决定情绪而不是事物本身决定情绪。

（二）方法与能力目标：让学生掌握写情绪日记的流程，用具体的手段来调控自己的情绪。

（三）情感与态度目标：培养学生的自信心。

四、前期准备

（一）打印《情绪日记表格》。

（二）打印《认知失真自我检核表》。

（三）提前一天用班级树洞收集同学们最近碰到的烦心事。

五、班会过程

（一）想法决定情绪

1. 播放撒哈拉沙漠严酷环境的短视频。

2. 小组谈对撒哈拉沙漠的感想。

3. 三毛笔下的撒哈拉沙漠。

师：通过视频的介绍，大家对撒哈拉沙漠有了一定的认识，如果用一句话来形容撒哈拉沙漠，你会用什么话呢？

生：环境恶劣，生存体验感极差。

师：三毛却说"每想你一次，天上就掉下一粒沙，从此形成撒哈拉"。

师：三毛她把条件这么恶劣的撒哈拉沙漠，当成了一次了不起的人生体验，她的笔下撒哈拉沙漠那么美，吸引了无数读者和游客。

（设计意图：通过短片，快速加深同学们对撒哈拉沙漠的印象；强调三毛在极恶劣的环境下还能用美好的想法去思考，得到不同人生体验，引出想法决定情绪的主干。）

（二）改变想法就能改变情绪

我能巧用A-B-C：

师：大家觉得我们为什么会碰到那么多糟心事？

生：倒霉呗！

师：怪自己倒霉可以改善现状吗？

生：不可以，但是心情太差了，没有办法。

师：今天我们要通过学习知道，事物的本身并不影响人，人们只受到对事物看法的影响。

PPT1：向同学们介绍情绪A-B-C理论图。

PPT2：同学们按表格方案分组。

PPT3：从前一日回收的情绪求助条里抽取的七个问题。

PPT4：《情绪日记表格》。

PPT5：《认知失真自我检核表》。

（**设计意图**：通过理论介绍、分组、解决具体问题，来培养同学们情绪调控的能力。）

（三）用积极心态看待年级量化考核

师：大家怎么看我们年级用分数量化考核。

生：让我们觉得一直是不停在加分扣分，没有自由。

师：自律的自由才是自由，如果自由不加限制，只能带来放纵，在我看来年级的策略至少有以下几点优势：

1. 帮助我们自律，获得更加理想的高考成绩。

2. 优化时间安排，不错过每一堂课的每一个知识点。

3. 电子产品是事件的吞噬器，我们每个人都会在刷屏中消耗掉海量的时间。

4. 帮助大家设置障碍，从一定程度上杜绝电子产品的诱惑。

5. 为有效学习时间扩容。

（**设计意图**：通过活动，让大家积极对待用分数量化考核的方式，看到该方式的积极作用。）

六、延伸拓展

（一）观看南京航空航天大学教授网络公开课《情绪ABC理论》。

（二）制作班级心情驿站，让同学们能够合理抒发情绪。

学生给同学起侮辱性绰号

广东实验中学南海学校　李祖锋

【现象扫描】

学生给同学起侮辱性绰号是班级管理中出现的常见问题。根据360百科对绰号的解释，绰号又称外号、诨号，绰号又可以细分为两种，一是善意的昵称，是指无侮辱性称谓，更加体现出亲昵、亲密的感情。一是恶意的侮辱性绰号，是指给别人起绰号具侮辱性。如果班级出现此现象不加以制止，有可能会形成"破窗效应"和"从众效应"。

根据广东省教育厅等13部门联合出台的《加强中小学生欺凌综合治理方案的实施办法（试行）》，起侮辱性绰号属于校园欺凌中的语言欺凌，根据南开大学《中国校园欺凌调查报告》显示，语言欺凌行为发生率明显高于人际关系、身体以及网络欺凌行为，占23.3%。

起侮辱性绰号和喊别人侮辱性绰号是一种不尊重他人的表现，侵犯了别人的人格尊严，会引起受害者的反感，给受害者和班集体造成不良影响。侮辱性绰号会对学生造成巨大的心理压力，久而久之会形成心理问题。侮辱性绰号会对学生的人际交往、学习生活、身心健康产生不利影响，严重者会自卑、抑郁。总而言之，起侮辱性绰号对班级同学关系、学风和班风都会产生不良的影响。

【案例情景】

绰号的烦恼

晚上19点，我和往常一样到班级巡查晚修，进入课室扫视一番，大部分学生都在认真写作业。突然我发现一个学生没有写作业，趴在桌子上，我有点生气，原来是宇男同学。这个平时一向乖巧的孩子，今天是怎么了？我心里停顿了一下，莫非他不舒服？我走到他身边，拍了拍他的肩膀。

"宇男同学，你怎么啦，不舒服吗？"我关心地问。

"老师，我没有……"他抬起头我看到了他湿润红肿的眼睛。

"你没事吧？你出来一下。"我继续追问并把他叫到辅导室。

"最近是不是遇到了不开心的事情，能不能跟老师说说？"我问道。

"老师，最近小新同学一直不停地叫我外号，叫我鱼腩！鱼腩渣！吃鱼腩！我听起来很不舒服，都无法投入学习了。"我一听，心头一震，继续安抚他并了解相关的情况，原来小新同学根据宇男同学名字的谐音起了带有侮辱性的绰号。针对学生给同学起侮辱性绰号，我该怎么办呢？

方法1：严肃批评，动情晓理，方法指引相结合

把学生叫到辅导室，师生面对面座谈。

师："小新，你知道老师为什么要叫你来辅导室吗？"

生："不知道。"

师："你平时的表现，老师还是很满意的，老师平时有批评过你吗？"

生："没有。"

师："老师最近听到有人叫同学外号，叫鱼腩、鱼腩渣，你知道这回事吗？你知道是谁叫的吗？"

生："……嗯……老师，是我叫的。"

师："你给谁起的外号？"（我一脸严肃并把音量提高了一点。）

生："知道，这个是我叫宇男同学的……"

师："小新，你起的这个外号带有一定的侮辱性，你觉得老师该不该批评你？"

生：……

师："假如同学们都这样叫你，你心里会怎样？会对你造成什么影响？"

生："不舒服，会让我不开心。老师，我知道错了，我再也不叫了。"

师："这样吧，我给你一次改正的机会，你写一个检讨书，否则，我上报学校学生处并请家长来校。"

生：开始哭了。

师："小新，你知道吗？根据广东省教育厅最新出台《加强中小学生欺凌综合治理方案的实施办法（试行）》的规定，给别人起侮辱性绰号属于校园欺凌。给他人起侮辱性绰号被界定为轻微欺凌。学校在进行批评的同时给予惩戒，严重者可以给予留校察看、勒令退学、开除学籍的处分。按照这个规定，你的做法就违反了规定。而且有人批评老师，说老师对你太偏心了，不公平。"

生：……

师："你平时的表现，老师是看在眼里、记在心里，以为你不会犯这样的错误，你没有考虑同学的感受，你知道吗？现在老师很难做，宇男同学现在很不开心，学习无法投入，他也需要老师帮他。如果老师在这件事情上无法公正地处理，其他同学肯定会批评我，我现在心里有点难受。你说老师应该怎么办才好？"

生："老师，我错了，我应该考虑同学的感受，辜负了老师对我的关心，而且让老师那么难做，对不起，老师，我一定改正，我回去后跟宇男同学道歉。"

师："好的，除了道歉，我们一起想想解决的办法吧。"

方法2：师生一起想出解决办法

1. 同学监督法。找一个关系好的同学，作为监督者，当违反时及时给予提醒。

2. 自我暗示法。心里默念："我不能叫同学外号。"

3. 心理换位法。站在对方的角度，感受被起侮辱性外号的影响。

4. 定期反馈法。学生定期跟教师反馈近期的表现。

与小新谈话结束后，我又找到了宇男，对他进行了安抚，倾听他的心声，最后让小新对其道歉。学生起侮辱性绰号不仅是违反了规定，而且还属于校园欺凌的一种，长期的语言暴力，学生或许自己并不知道。教师对学生的关心话语，学生能感受到，把《实施办法》告知学生并严肃批评他，让他认识到事情的严重性，使学生明白规则和道理。再用情和理相结合，让学生体会到老师对他的关心和爱护，感受到班集体的温暖，促进师生关系和谐发展。师生一起想解决问题的办法，进一步拉近师生距离，让学生明白老师不是跟学生站在对立面，而是实实在在为学生着想，正所谓"亲其师，信其道"。

【问题分析】

根据以上情景，不同的教师处理事情角度不同，采取的措施也因人而异，不同的教育方式、不同的教育方法，会出现不同的教育效果。

（一）教师处理学生起侮辱性绰号问题的常见表现

1. 教师对青少年取绰号的心理特点了解不够深入

一是学生自我意识能力较弱，容易受到其他同学行为的影响和感染，一旦有同学叫绰号，其他同学也会跟着叫。二是学生喜欢自主，喜欢同伴交往。一个同学叫起了绰号，为了哥们义气、迎合同伴，他们也会跟着叫。三是身心发育不成熟，重感情，容易激动，天性爱玩，有时无法克制自己的行为。取绰号者看到被取外号的同学的反应，会产生成就感，以此来取乐，其行为会更加放肆。四是学生对行为缺乏认知能力，缺乏是非、善恶、羞耻的辨别能力。取绰号者往往不清楚自己的行为是对是错，是违反纪律还是违反法律，更未能考虑对方同学的感受。

2. 只看表面，不究深因

学生犯错，老师只是看到表面，不去了解学生为什么犯错、这些错误严不严重、对其他学生产生什么影响，不去考虑这种错误是不是应该被原谅，甚至没有深究学生犯错的原因，也不帮助学生解决同学之间的矛盾。有些老师处理时，只要求学生写一份检讨书就了事，并没有解决同学之间的矛盾，只是单方面对起绰号的学生进行教育，并没有对被起绰号学生进行安抚。

3. 盲目宽容，未及时警示全班

宽容待人，特别是犯错的学生，但是宽容要分清具体的事情，不能盲目宽容。学生起侮辱性绰号从心理上给别人贬低性的暗示，以此降低他人的自尊，从而使自己获得快感，把快乐建立在别人的痛苦之上。而且此做法已经让被起绰号的同学无法忍受，影响他人的学习和生活。若只采取情理教育，对犯错学生未达到教育效果，反而会使犯错者觉得：这样的错误可以再犯，我也并没有受到惩罚，老师对我很好，很宽容。古人云："教不严，师之惰。"针对学生犯下的严重错误，我们处理一定要快、准、狠，把这种苗头扼杀在摇篮中。当

班级出现此类现象，教师并未引起重视、未能警示全班学生，根据"从众效应"，学生给他人起侮辱性绰号取乐达到娱乐的效果后，其他同学也会模仿。教师在处理单个学生问题的时候如没有了解班级其他学生情况，还有没有其他学生也存在叫他人绰号，则会屡禁不止。根据省教育厅的《加强中小学生欺凌综合治理方案的实施办法（试行）》，起侮辱性绰号属于轻型的校园欺凌，因此，如果班级存在此类现象，教师必须快速处理，很有必要对全班学生进行教育。

4. 只处理问题，未及时关爱受害学生

被起侮辱性绰号的学生会产生负面的生理心理问题，影响其生理健康和心理健康，产生不安全感，对学习很难集中注意力，部分受害学生会因此而旷课、精神不振甚至辍学，影响学习成绩。侮辱性绰号让受害者每天接受这种语言暴力，使孩子的自尊心受到了碾压，出现情感障碍，不再自信，甚至自卑，这种精神伤害对受害学生来说是非常严重的。北京师范大学心理学教授邹泓说："同伴或老师实施的语言伤害，还会给孩子的心理上投下一种阴影，致使他们不再相信外部世界，觉得这个社会是冷漠的、恶毒的，对社会产生一种强烈的排斥感……"中国少年儿童平安行动组委会发布一项调查显示："语言伤害""同伴暴力""运动伤害"是当前亟待解决的三大问题。因此，遇到学生起侮辱性绰号的现象，教师必须足够重视并且快速处理。

（二）教师面对学生起侮辱性绰号问题应有的思维方式

1. 积极关注，及时干预，善于发现问题

起绰号的现象在校园是普遍存在，首先，教师要善于与学生交流，发现班级是否存在起绰号的问题并留心观察此类现象的变化，做到心中有数，应对有方。其次，教师要善于识别绰号的类别，确定哪些是侮辱性绰号，哪些是褒义绰号。对于褒义绰号，也要了解被叫的对象是否乐于接受，做到具体问题具体分析。最后，教师发现问题要及时干预，通过案例分析、理论引导、人际交往的方法、班级规章等营造一个良好的班级氛围，引导学生规范自身言行，达到消除起侮辱性绰号的不良风气。

2. 剖析案例，查找原因，学会分析问题

善于根据学生的行为表现，剖析原因，不能只看表面，更不能随意敷衍了事，要充分分析学生起侮辱性外号的原因，针对学生的案例，查找学生方面的原因，针对学生的问题，运用教育方法进行分析，究其原因是否是学生自身、班级问题、学校环境、家庭问题、同伴关系等，为解决问题提供依据。

3. 多元思维，以教为主，帮助解决问题

"不积跬步，无以至千里"，学生问题的形成不是一两天的事情。有因必有果，教师学会多种思维解决问题，发挥同伴、学校、家长、社会的教育合力，让学生健康成长。教育学生也不能只管不教，只惩罚不教育。学生是有个性的个体，会犯错，思想不成熟，身心处于发展之中。可以通过惩罚、情理说教和其他方法来达到教育的目的。因此，我们应采用多种方式方法，注重对学生的教育，帮助学生解决问题。

（三）教师要清楚学生起侮辱性绰号的原因

分析学生给同学起侮辱性绰号的动因，是解决学生之间因为侮辱性绰号产生矛盾的关键。

1. 取乐心理

把自己的快乐建立在别人的痛苦之上，实施者认为这样很好玩、很有意思，满足过瘾的内心，玩弄他人，使自己高兴，寻求乐趣。

2. 学生间矛盾和冲突

学生间不经意的言语、行为引发矛盾和冲突。处于青春期，学生对身体外形十分关注，有一天甲同学在看镜子，乙同学说："哟，挺臭美的，再看镜子都爆了。"甲同学听了之后，很是生气。不经意的话语产生了矛盾，而且矛盾并没有解决，终于甲同学找到了机会，给乙同学起了侮辱性外号。学生之间的矛盾和冲突没有及时解决，也是起和喊侮辱性绰号的动因。

3. 网络和社会语言暴力的影响

360百科对语言暴力的定义：语言暴力，就是使用谩骂、诋毁、蔑视、嘲笑等侮辱歧视性的语言，致使他人精神上和心理上遭到侵犯和损害，属精神伤害的范畴。根据中国互联网络信息中心发布的第45次《中国互联网络发展状况统计报告》显示：截至2020年3月，我国网民规模为9.04亿，互联网普及率达64.5%。互联网中网民在发表言论时会出现谩骂、诋毁、嘲笑、乱评论等网络语言暴力的情形，还有网络键盘侠、人肉搜索等。

根据共青团中央维护青少年权益部、中国互联网络信息中心联合发布的《2019年全国未成年人互联网使用情况研究报告》显示：2019年我国未成年网民规模为1.75亿，未成年人互联网普及率达到93.1%。城乡未成年人的数字差距进一步弥合，城镇未成年人互联网普及率达到93.9%，农村未成年人互联网普及率达到90.3%。调查发现，听音乐和玩游戏仍然是未成年人最主要的网上娱乐活动。玩游戏方面，手机游戏占56.3%，电脑游戏占24.6%。看短视频和网络直播的比例，分别比2018年提升5.7和6.4个百分点。上网聊天是未成年人最主要的网上沟通社交方式，占58.0%。未成年人受到网络和社会中的语言暴力潜移默化的影响，也会在现实生活中运用，这是造成起侮辱性绰号的社会原因。

4. 跟风从众心理

当有一个同学起了侮辱性绰号并感到乐趣，其他同学也会效仿，不知不觉中形成群体行为，这部分喊侮辱性绰号的学生往往缺乏主见、易受暗示、明辨是非善恶的能力较弱、容易接受别人的意见并付诸行动。这种从众现象如果不加以制止，放任而为，同学自己不断效仿，久而久之容易形成破窗效应。

5. 施害者因素

施害者以自我为中心、忽略他人感受、对绰号的认知能力不足、性格冲动、霸道、明辨是非善恶的能力较弱、缺失法治观念等原因，是其起和喊侮辱性绰号的主要因素。

6. 被害者性格方面原因

被害者性格比较内向、胆小害怕惹事、缺乏人际交往技巧、在同学中处于弱势地位、身体弱小、不敢向老师和父母求助，是导致被起侮辱性外号的主观因素。

【对策措施】

（一）树立全局观，立足班级整体，统筹全局，实现最优目标

1. 召开主题班会，开展思辨，讲授应对策略

初中学生的人生观、价值观、世界观在不断形成，在班级召开"我看绰号"主题班会，第一部分：绰号的历史；第二部分：绰号的文化；第三部分：变质的绰号；第四部分：善意的绰号。借助主题班会让学生正确认识绰号，学生学会尊重他人，不利用侮辱性绰号对他人的缺陷进行语言攻击，达到治标治本的教育目的。培养学生用语文明，改变不良用语的习惯，从而实现认知引领，促进学生行动的改变。

2. 班级舆论的正面引导

舆论，指的是社会中相当数量的人对于一个特定话题所表达的个人观点、态度和信念的集合体。班级存在起侮辱性绰号的现象，会有较多学生在议论，甚至参与叫喊，这时会产生负面的舆论。负面的舆论会引发不良影响，影响同学关系和引发矛盾。正面舆论则是积极的，有利于问题的解决，缓解学生之间的矛盾。教师发现问题后要及时干预，抓住问题的源头，及时处理，结合此现象的情况与受众复杂心理，准确、适时地进行正面宣传引导，由负面舆论转化为正面舆论，很好地维护班级稳定。

3. 不要过分放大

如果班级存在起侮辱性绰号个别现象，教师不宜在班上夸大，对极个别学生可以私下与其坦然解决。如果起侮辱性绰号成了班级相对普遍的现象，则要引起重视，果断解决，刹住这股歪风邪气。

4. 创造和谐、温暖的班级环境，增强班级凝聚力

为了维护良好的师生关系、生生关系，教师要了解学生的心理，实现师生的情感沟通，为学生创造自我吐露心声的机会，比如：吐槽墙、心理信箱、真心话大冒险、小纸条、心愿盒、写周记、写日记、开心一刻等。多挖掘增强班级凝聚力的方法，比如：设立共同的班级目标和任务、制定具体明确的行为规范、共同创造良好的集体氛围、开展班集体的团队活动、维护良好的人际关系、组建团结的班集体管理团队、发挥榜样的力量，传递情感正能量等。

5. 起善意的绰号

善意的绰号分布在人、物、职业、书籍、国家地理、科学、文学、娱乐圈等。从古至今屡见不鲜，比如：诗仙李白、豹子头林冲、及时雨宋江、小李广花荣、世界童话之王安徒生、杂交水稻之父袁隆平、龙将军刘伯承、铁人王进喜、情歌王子张信哲、小巨人姚明、人民卫士人民警察、白衣天使医生、花中之王牡丹。如果班级的学生非常喜欢给他人起绰号，班主任可以顺势引导学生从起侮辱性绰号向起善意绰号转变，根据同学的优秀特点，大家都可以起一个善意的绰号，起好之后需经过对方同意方可使用，否则不能使用。这样创造正面的舆论，也能满足学生起绰号的心理，促进生生之间、师生之间的和谐发展。善意的绰号主要有：知识渊博小博士、喜欢发明小小发明家、经常帮助他人小天使、力气大小超人、学习成绩每次第一战神、成绩进步很快小飞侠、班里的开心果小喜鹊、风趣幽默小可爱、跑步跑的快飞人、听话乖巧不违纪小乖、勤奋学习、珍惜时间小蜜蜂，等等。

（二）面对受害者，要心理疏导，从源头防治

对于受到侮辱性绰号影响的学生要及时进行心理疏导，对学生个体的情绪问题或发展困惑进行疏导，促进学生自我调节和发展，可以提升学生个人的自我管理和人际关系处理能力。

1. 谈话倾听

通过师生的平等交流，教师引导学生运用已有的经验和知识回答提出的问题，教师充当倾听者的角色，引导学生说出心中的不快，缓解学生心理负担，让学生改变有害的想法和信念，切记老师多倾听、学生多倾诉。

2. 认知疏导

重构学生对绰号的认知，引导学生重新定义绰号，明白什么是善意的绰号和侮辱性的绰号，改变学生对绰号的认知评价，保持心理平衡和行为方式的适度性。

3. 情感疏导

情感是人最基本的精神需求。情感影响我们的判断和选择，驱使我们做出行动。长期的负面情绪会形成负面情感，引导学生被起侮辱性绰号或被叫侮辱性绰号、负面情绪要发作时能保持镇静；引导学生宽容大度，能宽容他人的缺点和冒犯；引导学生转移注意力，始终保持积极、乐观的心态；引导学生从同学交往、互动、阅读、参与有意义的活动获得正面的情感体验。

4. 减压疏导

心理减压是指通过身心放松，从而保持一种健康、积极向上的心态。引导学生运用合理宣泄、转移注意、放松训练、换位思考、自我暗示、调整生活方式等途径解决情绪问题。例如通过倾诉、读书、音乐、帮助他人、休息、运动等，都是进行心理减压的有效方法。教师可以组织多种班级活动、体育活动、

知识竞赛活动等，对学生进行身心放松疏导。

（三）调动学生的积极性，培养学生责任感，群策群治，共献计策，形成班级公约

经过学生讨论，形成班级公约，在培养学生规则意识的同时，也约束学生的不良行为，倡导文明有礼，拒绝语言暴力，为班级治理侮辱性绰号提供制度的保障。

制定班级公约：自尊自爱心态乐观，用语文明拒绝暴力。冷静看待侮辱绰号，寻求帮助积极应对。掌握说话艺术技巧，争当文明礼貌之星。共建温暖和谐班级，做新时代好少年。

借助主题班会引领学生对绰号的认知，借助心理辅导，从源头防治语言暴力的发生，借助群策群治，共献计策，教会学生应对语言暴力，最后通过落实行动，让学生养成用语文明的好习惯。这一过程，既有知识方法的讲授，又有行动实践，融合了管理和教育，落脚于学生的发展，最终回归教育的原点——促进学生本身的发展，培养心智健全、有道德和法治素养的新时代合格公民。

参考文献：

［1］中国互联网络信息中心（CNNIC）.第45次《中国互联网络发展状况统计报告》［R］.北京：中国互联网络信息中心，2020：9.

［2］共青团中央维护青少年权益部，中国互联网络信息中心（CNNIC）.2019年全国未成年人互联网使用情况研究报告［R］.北京：中国互联网络信息中心，2020：5-25.

［3］徐慰增，何得乐，阿去克，夏志厚.不列颠百科全书（国际中文版）［M］.北京：中国大百科全书出版社，2007.

如何让宿舍成为孩子温暖的"家"

广东实验中学南海学校　叶秋生

【案例描述】

部分同学转发了"陈同学的复仇计划"到朋友圈，围观评论有点赞、有调侃、有起哄，却没有同情。本事件引起了班主任及学校德育团队的关注。

在得知事件情况后，我第一时间联系了班主任，与班主任一起与陈同学进行谈话。经了解，陈同学在初一上学期开始，其舍友常联合其他同学用语言攻击她。经生活老师教导后，陈同学的舍友会消停几天后又开始，这也让她更加苦恼、烦躁，想寻求更好的解决方式。陈同学跟家长反馈过在学校的情况，甚至跟家长提出过走读。让我稍微庆幸的是，在复仇计划中的最后两步是告诉校长和教育局局长。

在了解陈同学的情况后，我找陈同学宿舍的五位同学了解情况。在简答说明了情况后，我开始跟她们强调事情的严重性及后果，告知她们坦白从宽否则严重处理。接着让他们分开写材料，所写材料需涉及的内容：

（一）是否知道陈同学写了一份复仇计划的日记，而且初三一位同学转发了陈同学的这份日记，把知道的情况尽量写详细。

（二）陈同学的这份计划是怎么被拍照出去的。

（三）自己有没有转发陈同学的复仇计划。

（四）平时与陈同学的关系怎么样？有没有跟陈同学有过摩擦等。

在她们上交的材料中，对转发和照片的散播，舍友们的说法十分模糊且不一致。对于跟陈同学的关系描述是，陈同学平时说话比较冲动，不拖地、不搞内务、在纪律等方面造成宿舍扣分。舍友们都很少跟陈同学沟通，说话会针锋相对，有时在陈同学犯错的时候会骂她甚至会打她。

由于五位同学写的信息不一致，我一个个单独和她们谈话，在不断地教育及引导下她们交代了事情的经过。

【案例探讨】

陈同学写下"复仇计划"的导火索与她的求助选择。

（一）交流不畅通，心理调适能力弱

从一开始跟舍友们的接触，及碰到的生活习惯上的问题，个人没有很好地进行调节，寻好与同学更好的交流途径与方法。

（二）小团体主义冒头，向教师求助无效

陈同学跟老师反馈遇到的问题，但在老师找这些同学问原由时，这些同学已经串通好口径把问题指向陈同学，而凭陈同学的一面之词很难让老师找到突破口。这使陈同学感到无奈及烦恼，心理的压力没有得到很好的释放。

（三）问题关注有偏差，处理方法不到位

接着家长提供的方式是购买了录音笔，试图帮助陈同学找到更好的证据，这容易误导学生把问题停留在谁对谁错上面，造成针锋相对。家长也没有真正了解陈同学在问题上的处理方式及自身的问题，从而没能在心理上帮助陈同学进行分析及换位思考，提供更适合解决问题的方法。由于自身的性格问题及人际交往方式又没能得到很好的解决，寻求老师及家长的帮助没有找到很好的方法处理，造成心理压力更大，从而导致陈同学想寻求更高的帮助，或选择走读的方式逃避与同学之间的矛盾与冲突。

【原因分析】

宿舍人际关系是学校人际关系的重要组成部分。小小的宿舍是学生们最直接参与的人际交往场所，也是衡量同学们人际交往能力、心理健康和为人处世的一杆小标尺。但在这个案例中，一个小小的六人寝室中，室友却矛盾重重，小团队主义使得陈同学的宿舍生活疲惫不堪。原本应该是亲密无间的舍友，如今却是如此不和谐。结合以往对宿舍的管理经验，我归纳了几点影响宿舍人际关系的因素。

（一）个体差异是产生人际关系不和谐的潜在因素

通过倾听陈同学讲叙事件的发生，跟她同宿舍的几个舍友的沟通，跟老师了解了陈同学的情况，我得知，宿舍成员来自不同地域，不同家庭背景，有着不同的个人经历。她们在生活习惯上、个人心理、人生观、价值观等方面存在一些差异，平时面对宿舍的卫生与纪律有不同的看法，生活上的差异，造成了矛盾冲突的根源。

（二）心理和性格不善于处理人际关系的内部因素

陈同学跟同宿舍的同学人际关系不和谐，她平时性格比较孤僻，喜欢独来独往，与舍友、同学之间交流较少，错过了些化解矛盾冲突的机会，在进入学校来和舍友磨合过程中缺少理解和体谅，造成与她很难融入舍友的交往圈，一直处于一个孤立的状态。陈同学所面临的问题，不是更换宿舍就能解决。陈同学要摆脱"困境"，先要认识到自身存在的问题，有了这种意识才能采取行动解决问题。

（三）家庭结构环境与教育是影响人际关系的外部因素

对于同宿舍的其他同学，在上学期开始就对陈同学有类似的集体语言暴力，甚至于肢体上的冲突，后面把陈同学的日记发到网上进行传播，给陈同学带来很大的心理压力。学生正属于这个青春发育期，精力比较旺盛，身心处于未成熟阶段，还没形成稳定的"三观"，特别是进入青春期后，容易冲动，爱寻求刺激，没有明确的是非观，在成长过程中容易受到外界的影响，欺凌其他同学。另外这几个同学，由于家庭结构环境及家庭教育的影响，容易造成唯我独尊的心态，社会认知差，不知网络暴力对其他人的影响，缺乏责任心，产生让陈同学服从她们的意愿。

【事件处理】

（一）鉴于之前老师的处理过程中遇到这几个同学在老师找他们之前会串通好把问题一致指向陈同学的情况，为了充分了解整个事情真实性，在没了解整个事情的情况下应避免同学事先串通，写材料及谈话时都需分开。第一次在材料上写到照片的来源时，各位同学表述的内容不一致，这肯定是有同学没有老实交代。所以在第一次写材料后，对于几位同学写得不一致的问题要做好详细的记录，接着分开一个个谈话，谈话期间需分别跟这几位同学分析事情的严重性并做好引导，让整个事件清清楚楚地呈现出来。

（二）不断抓住一些细节的破绽，且不断引导教育，最后知道这照片是由两个同学带手机回校，中午偷翻陈同学的书包所拍。为了更好地保护陈同学的隐私，避免网络对陈同学日记的传播，第一时间让她们把交到老师处的手机拿过来，让他们和已转发的同学把朋友圈上的内容及手机上的照片删除掉。

（三）"没有规矩不成方圆"，根据我校的《违纪处理办法》给予这几位同学"警告"的处分，从条例上去约束这样的行为习惯，让她们更加深刻认识到自己处理问题方式的局限性，让她们的生活习惯、为人处世原则及价值观往良好的方向发展。有了纪律上的约束，接着需要从认识上去教育好引导，让她们学会换位思考，教会她们如何去处理宿舍内的问题。

（四）家校联动，合力教育，做好后续的跟进工作。老师不但需与陈同学的家长，而且需与另外几位的家长，做好沟通工作，只有联合起来才能做好学生的思想教育引导工作，发挥更大的教育效力，让学生向良好的方向发展。

【案例反思】

如何让初中住宿生更快乐地生活且身心更加健康发展？教师需关注初中住宿生的心理健康问题，初中时期是青少年成长中承前启后的关键期，也是"叛逆期"的集中阶段。刚进入初中住宿的学生，宿舍内部的矛盾主要体现在生活习惯的问题，以及人际交往过程中的问题。

很多学生在进入中学之前，家务事从来不用做全是家长包办，但是进入学生住宿后，学校对于宿舍的打扫有很明确的分工，有些同学在家从来没有搞过卫生，个人的内务从来不整理，这会造成宿舍在卫生评比中扣除很多的分数。在纪律中，有些同学的自控能力较差，在休息时间说话或走动，这会影响到其他同学的休息。这些卫生、内务、纪律等方面不同表现，容易造成宿舍内的矛盾。我们老师可以通过专题生活讲座，将生活自理的方法讲授给学生，有针对性地对自理能力差的住宿生进行方法上的引导。每天从各方面进行量化的考核评分，每月评选"星级宿舍"，有效调动住宿舍成员的主观能动性，培养住宿生的集体荣誉感，形成良好的生活习惯。

在人际交往方面，初中时期是青少年心理方面快速发展的时期，自我意识飞跃发展。这种急速的变化，使他们不自觉地将自己的思想指向主观世界，开始形成独立自主的思考和判断，容易强调自我的意识，喜欢突出个性，容易片面化和情绪化。这往往造成在人际交往中，形成多样化的不理解、不适应、不配合、不顺应和不稳定。我们需要引导学生多一些换位思考，在不同的年级开展不同的专题人际交往课程，引导学生客观认识自我、学会主动正面沟通，把握好人际交往尺度，积极有效管理情绪问题。